루트비히 폰 미제스

루트비히 폰 미제스

초판 1쇄 발행 2021. 8. 25.

지은이 머레이 뉴턴 라스바드(Murray N. Rothbard)
옮긴이 한국 미제스 연구소
펴낸이 김병호
책임편집 전계운 | **디자인** 최유리
마케팅 민호 | **경영지원** 송세영

펴낸곳 주식회사 바른북스
등록 2019년 4월 3일 제2019-000040호
주소 서울시 성동구 연무장5길 9-16, 301호 (성수동2가, 블루스톤타워)
대표전화 070-7857-9719 **경영지원** 02-3409-9719 **팩스** 070-7610-9820
이메일 barunbooks21@naver.com **원고투고** barunbooks21@naver.com
홈페이지 www.barunbooks.com **공식 블로그** blog.naver.com/barunbooks7
공식 포스트 post.naver.com/barunbooks7 **페이스북** facebook.com/barunbooks7

· 책값은 뒤표지에 있습니다. **ISBN** 979-11-6545-472-2 93300

The Essential von Mises
by
Murray N. Rothbard

루트비히 폰 미제스

삶과 업적의 핵심정리

Essential von Mises

MURRAY N. ROTHBARD

한국 미제스 연구소 엮음

바른북스

The Ludwig von Mises Institute Korea

한국 미제스 연구소

(www.miseskorea.org)

한국의 자유주의 그리고 오스트리아학파 운동을 지원하기 위한
국제적 협력과 재정적 지원을 제공해주신
미제스 연구소의 쏘 비숍(Tho Bishop)과 브렛 린델(Brett Lindell)은
이 책이 출판되는 데 결정적인 도움을 주셨습니다.

Tho Bishop from the Mises Institute and Brett Lindell provided
international cooperation and financial support to promote the
Austro-libertarian movement in Korea and publish this book.

한국 미제스 연구소는 이 책을 관대한 기부자들에게 바칩니다.
책의 출판에 직접적으로 기여한 다음 후원자들에게는
특히 감사를 표하고자 합니다:

The Mises Institute Korea dedicates this volume to all of its
generous donors and wishes to thank these Patrons, in particular:

Séra Lee, 강민수

이강영, 이주홍, 이수창, 임종규, 지영탁, 신호용, 석승진, 류영훈

이창주, 김영완, 박희나

일러두기

– 역자가 해설을 위해 삽입한 문구는 대괄호로 처리하였다. 역주는 고딕체로 처리하였다. 역주가 추가되면서 원서와 각주 번호가 달라진 점에 대해서는 양해를 구한다.

– 각주에 언급된 책의 페이지는 특별한 표기가 없을 경우 영어판을 따른 것이다.

– 원문에서 줄표로 처리된 문구는 괄호로 바꾸어 번역하였다.

– 이 책의 출판에 기여한 한국 미제스 연구소의 구성원으로는 전용덕 명예교수, 박형진 미주리대 경제학 박사과정 학생, 전계운 대표, 김경훈 연구원, 한창헌 연구원이 있다.

| 차 례 |

소개

서문

추천사

제 1 부

미제스 핵심정리

제1장	미제스 이전의 오스트리아학파	**020**
제2장	미제스와 오스트리아학파: 《화폐와 신용의 이론》	**033**
제3장	경기변동이론	**043**
제4장	양차 대전 사이의 미제스	**047**
제5장	경제계산문제와 《사회주의》	**052**
제6장	경제학 방법론	**055**
제7장	《인간행동》	**060**
제8장	미국에서의 미제스	**069**
제9장	탈출구	**074**

제 2 부

미제스:
학자, 창조자, 영웅

제1장   젊은 학자 ·· **081**

제2장   《화폐와 신용의 이론》 ························· **087**

제3장   《화폐와 신용의 이론》과 미제스가 받은 대우 ··· **103**

제4장   1920년대의 미제스: 정부의 경제조언가 ······ **112**

제5장   1920년대의 미제스: 학자 그리고 창조자 ······ **121**

제6장   1920년대의 미제스: 교사 그리고 스승 ········ **137**

제7장   새로운 세계로의 탈출 ························· **149**

제8장   맺음말: 인간 미제스 ························· **172**

루트비히 폰 미제스(Ludwig von Mises, 1881~1973)는 20세기에 가장 명성이 높았던 경제학자이자 사회철학자 중 한 명이다. 길고 생산적인 삶을 살면서, 그는 개별 행위자가 자신이 추구하는 목표를 위하여 목적 의식적으로 행동한다는 근본적인 공리에 바탕을 둔 연역적이고 선험적인 과학으로서의 경제학을 발전시켰다. 비록 그의 경제분석 자체는 가치중립적이지만, 미제스는 인류의 영속적 발전을 위해 지속 가능한 유일한 경제정책이 반간섭주의, 자유시장, 결코 방해받지 않는 사유재산권의 행사, 그리고 정부의 역할을 그 영토 내의 시민과 재산의 보호로 엄격하게 제한함에 있다고 결론지었다.

머레이 뉴턴 라스바드(Murray Newton Rothbard, 1926~1995)는 매우 지적이고 박학다식한 학자였고, 주로 경제학, 정치철학, 경제사, 그리고 법률 이론에 중대한 공헌을 했다. 그는 미제스의 저술을 바탕으로 오스트리아학파 경제학을 개발하고 확장하였다. 미제스 서거 1년 후, 라스바드는 사회과학에 있어 미제스의 위상과 업적 등에 대한 개요를 새로운 세대에게 제공하려는 목적으로 이 책을 저술했다. 출판되고 얼마 지나지 않아 이 책은 매우 큰 명성을 얻었다. 지금까지 쓰여진 그 어떤 책보다도 미제스의 불멸성에 가장 뛰어난 설명을 제공한다고 볼 수 있을 것이다

이 책에 수록된 두 개의 에세이는 나의 스승 머레이 N. 라스바드가 그
의 스승인 루트비히 폰 미제스에 대하여 쓴 것이다. 첫째 에세이는 미제
스가 서거한 직후에 쓰여진 것으로, 오랜 세월 동안 미제스의 사상을 설
명하는 데 가장 두드러진 역할을 해왔다.

1988년에 쓰여진 둘째 에세이는 내용면에서 미제스의 일대기를 더 폭
넓게 반영하며, 휠스만(Jorg Guido Hulsmann)이 쓴 권위있는 미제스 일대기
《미제스: 자유주의의 마지막 기사》(Mises: The Last Knight of Liberalism) 와
함께, 독자들에게 미제스의 삶, 사상, 그리고 우리 시대에 미제스가 가지
는 의미에 대한 훌륭한 개관을 제공한다.

미제스 연구소가 이 에세이들을 각각 발간한 지 여러 해가 지났기 때
문에, 우리는 이 두 에세이를 묶어서 하나의 책으로 재발간하기로 결정
했다. 20세기 전체를 되돌이켜 본다면, 우리는 지식인 영웅들을 거의 찾
아볼 수 없다. 이 점에서 사회과학은 특히 불모지였다. 하지만, 미제스는
그가 치러야 했던 고초까지 생각해볼 때, 독보적인 지식인 영웅이었다.
그는 조국 오스트리아를 탈출해야 했고, 미국에 와서도 학생들을 가르칠
기회를 잡기 위해 분투해야 했다. 하지만 어떤 역경도 그의 사상을 막을
수 없었다. 오늘날, 우리는 미제스학파가 전례없이 번창을 하는 것을 보

게 되었다. 이번 판은 미제스의 사상을 훨씬 더 널리 퍼트리는 목표를 달성하는 데 독자적인 기여를 하고 있다. 이는 머레이 라스바드 공로덕인데 라스바드 자신의 과학적인 저작 때문에도 그렇고, 라스바드가 자신의 스승에게 열정적인 (심지어는 독실하기도 한) 감사한 마음을 가졌기 때문이다.

前 미제스 연구소 대표(2009-2012)
더글라스 프렌치(Doug French)
2009년 2월 20일

오스트리아학파의 경제학을 알고자 한다면 루트비히 폰 미제스가 저술한 책을 읽어야 한다. 미제스를 이해하는 지름길은 그의 저작들을 읽는 것임은 더 말할 필요가 없을 것이다. 그러나 그의 저작들은 너무 방대할 뿐 아니라 그 내용마저도 어떤 부분은 쉽게 이해할 수 있는 것이 아니다. 라스바드는 이 책을 통해 그런 어려움을 비교적 쉽게 극복하도록 도와준다. 라스바드는 이 책에서 미제스가 경제학 이론과 그 방법론의 확립에 공헌한 것을 아주 쉽게 요약해줄 뿐 아니라 영웅으로서 그의 삶을 잘 감상할 수 있게 그의 위대한 인생 여정을 아주 간략하게 그러나 흥미진진하게 펼쳐 보여주고 있다.

오늘날 왜 우리는 오스트리아학파의 경제학을 이해해야 하는가? 그 답을 이 책의 1부에서 찾을 수 있을 것이다. 작금의 세계 경제는 경기변동, 인플레이션, 소득불평등과 갈등, 과다한 복지 지출과 전쟁 지출 등으로 점철되어 왔고 그 결과로 보통 사람들은 언제나 불안과 불평등이 지배하는 세상에서 너무너무 어렵게 살아가고 있다. 무엇이 잘못된 것인가? 무엇보다도, 작금의 주류경제학인 신고전학파종합은 조금 고쳐서 사용해야 할 수준을 넘어 폐기해야 할 단계에 이르렀기 때문이다. 그럼에도 불구하고 절대 다수의 경제학자들은 신고전학파종합을 받아들여 경제위기가 올 때마다 엉터리 처방을 남발해왔다. 우리가 지속적으로 번영하고 평화로운 세계에 살고자 한다면 미제스가 평생에 걸쳐 구축한 오스트리아학파의 경제학을 이해할 것을 권하고 그의 제자 라스바드가 쓴 이 책의 1부가 오스트리아학파의 경제학으로 가는 너무너무 훌륭한 입문서가 될 것이다.

라스바드는 이 책의 2부에서 학자로서, 오스트리아학파의 실질적인 설립자로서, 경제학이론의 스승으로서, 어떤 난관도 헤쳐 나가는 진정한 영웅으로서의 미제스의 면모를 잘 보여주고 있다. 특히 1940년 미국으로 이주하였지만 그 곳에서 죽을 때까지 정상적인 일자리를 잡지 못했다는 사실을 알면 누구라도 가슴 아플 것이다. 그러나 그는 오스트리아학파의 경제학과 그 방법론을 완성하는 일을 결코 멈추지 않았다. 대학 강의실 의자에 앉으면, "말하는 것을 두려워 하지마세요. 기억하세요. 당신이 무슨 주제에 대해 무슨 말을 하고 또 그것이 얼마나 잘못되었든지 간에, 어떤 저명한 경제학자도 같은 실수를 범했습니다."라고 한 미제스의 격려의 말이 생생히 들릴 것 같다.[1]

대구대학교 명예교수 전용덕
2021년 2월 6일

---

1) 이 말은 미제스가 뉴욕대학교 경영대학원 경제학 세미나에 참석한 학생에게 한 것이다.

제1부

미제스 핵심정리

정치와 이데올로기에서, 우리는 종종 이미 두 가지 틀 중에서만 그것도 준비된 틀 안에서만 택일해야하는 난관에 부딪히곤 한다. 1930년대에 좌파들은 우리에게 가능한 선택지가 공산주의와 파시즘 뿐이니 이 중에서만 선택해야 한다고 강요했다. 지금의 경제학계에서도 우리는 '자유시장' 통화주의자들과 케인스주의자들 사이에서 선택을 강요받으며, 정부가 화폐공급을 해야 한다는 것을 전제로 한 상황에서 단지 어느 정도의 규모로 공급해야 하는지, 또 재정적자를 당연시하면서 어느 정도로 적자를 보아야 하는지만이 중요한 문제로 다루어지고 있다.

정부의 '혼합된' 통화·재정정책에 대한 사소한 언쟁을 훨씬 능가하는, 셋째 경로는 사실상 잊혀졌다. 화폐공급 혹은 경제체제의 모든 부분에 대한 일체의 정부 영향력과 통제를 정말로 근절해야 한다는 제3의 대안을 그 누구도 생각하지 못하고 있다. 여기에 **온전한** 자유시장이라는 잊혀진 길이 있다. 이 길은 루트비히 폰 미제스라는 한 명의 외로운, 산전 수전을 다 겪은, 걸출한, 그리고 감탄이 나올 정도로 창조적인 경제학자가 그의 일생을 다 바쳐 밝혀내고 싸워왔던 길이다. 만일 세계가 국가주의라는 재앙에서 벗어나게 된다면, 혹은 정말이지 경제학계가 건전하고 정확한 경제 분석을 발전시키는 길로 되돌아오게 된다면, 두 경우 모두 그들이 지금 수렁으로 가는 길을 포기할 수 있게 될 것이고, 루트비히 폰 미제스가 우리를 위해 발전시켰던 언덕지대 위로의 길로 옮겨갈 수 있게 될 것이라고 말해도 과언이 아니다.

1 미제스 이전의
오스트리아학파

루트비히 폰 미제스는 1881년 9월 29일에 당시 오스트리아-헝가리 제국의 렘베르크(현 우크라이나 리비우)에서 태어났다. 그의 아버지 아르투어 에들러 폰 미제스(Arthur Edler von Mises)는 오스트리아 철도국에서 부설 임무를 맡은 출중한 건설 기사였는데, 당시에 렘베르크에서 근무하였기 때문이다. 미제스는 비엔나에서 성장하여 1900년대가 시작될 무렵 비엔나 대학교에 들어가서 법과 경제학 학위를 받았다. 그는 1973년 10월 10일 뉴욕에서 사망했다.

미제스는 위대한 '오스트리아학파' 경제학의 물결이 본격적으로 일어나는 와중에 태어나서 자랐다. 미제스라는 인물도 경제사상에 대한 그의 핵심적 기여도, 그가 배우고 흡수하였던 오스트리아학파의 전통의 맥락에서 이해되어야 한다.

1800년대 후반, 리카도(David Ricardo)와 밀(John Stuart Mill) 등에 의해 정

점을 찍은 영국의 '고전학파 경제학'(classical economics)은, 몇 가지 기초적인 결함에 잘못 근거하여 함정에 빠졌다는 것이 명백해졌다. 그 심각한 결함이란 고전학파 경제학이 경제를 개인의 행동을 통해서가 아니라 '집합'(classes)을 통해서 분석하려고 해왔다는 점이다. 그리하여 고전학파 경제학자들은 재화(goods)와 서비스의 가치 그리고 가격을 결정하는 잠재적인 원인들에 대한 정확한 설명을 찾아낼 수 없었다. 뿐만 아니라, 그들은 경제에서 생산자들이 어떻게 활동해야 하는지 결정하는 중대한 원인인 소비자의 행동도 분석할 수 없었다. 예컨대 고전학파 경제학자들은 재화의 '집합'을 살펴보면서, 빵이 극히 유용하고 '생명을 지탱하는 것'임에도 시장에서 낮은 가치를 지니고 있는 반면, 사치품이며 인간의 생존이라는 측면에서는 허식에 불과한 다이아몬드가 시장에서 높은 가치를 지닌다는 '가치의 역설'(paradox of value)을 풀어낼 수 없었다. 만일 다이아몬드보다 빵이 명백히 더 쓸모있는 것이라면, 왜 빵이 시장에서 훨씬 더 싸게 팔리는가?

　이 역설을 설명하는 데 좌절하면서, 고전학파 경제학자들은 불행하게도 가치가 근본적으로 나뉘어있는 것이라는 판단을 내렸다: 즉 '사용가치'면에서 빵은 다이아몬드보다 높게 평가되지만 '교환가치'면에서는 어떤 이유에선가 낮게 평가된다고. 이렇게 구분함으로써 이후 세대의 경제학자들이 시장경제를 평가절하하는 일이 일어났다. 즉, 시장경제가 비극적이게도 훨씬 은혜로운 '사용을 위한 생산'이 아니라, 정반대인 '이윤을 위한 생산'으로 자원을 잘못을 끌어가는 경제라는 평가절하를 한 것이다.

　오스트리아학파 이전의 고전학파 경제학자들은 소비자들의 행동을 분석해내지 못함으로써 시장에서 가격을 결정하는 것이 무엇인가에 대해 만족스럽게 설명해내는 데 실패하였다. 해결책을 모색하면서 불행하게도 그들은 (a) 가치는 상품에 내재한 어떤 것이고, (b) 가치는 생산공정에서 이 재화에 삽입된 것임에 틀림없으며, (c) 가치의 궁극적 원천은 생산'비용' 즉, 그것의 생산에 걸린 노동시간의 양이라고 결론지었다.

이러한 리카도주의 분석이 형성한 고전학파 패러다임에서 마르크스(Karl Marx)의 다음과 같은 결론이 나왔는데, 이는 리카도주의의 완벽하게 논리적인 결론이었다. 즉, 모든 가치가 노동시간의 양의 산물이라면, 자본가나 고용주가 획득하는 모든 이자와 이윤은 노동계급의 진정한 수확으로부터 부당하게 빼내어 간 '잉여 가치'임에 틀림없다는 것이다.

마르크스주의에 발목이 잡힌 상태에서, 리카도주의자들은 자본 설비가 생산적이기 때문에 자본가들은 그 자본 설비의 몫을 마땅히 이윤으로 취해야 한다는 항변을 시도하였다. 그러나 마르크스주의자들 역시, 자본도 '형태를 갖추게 된'(embodied) 혹은 '응결된'(frozen) 노동에 불과하기 때문에, 생산에서 나온 전체 수익은 전부 다 노동자의 임금에 포함되어야 한다고 정정당당하게 반박할 수 있었다.

이렇듯 고전학파 경제학자들은 이윤을 만족스럽게 설명하거나 정당화하지 못했다. 생산에서 얻은 수익의 지분을 순전히 '집합'을 통해서만 다루었기에, 리카도주의자들은 '임금'(wages), '이윤'(profits) 그리고 '지대'(rents)의 지분을 놓고 일어나는, 노동자, 자본가, 그리고 지주들 간의 끊임없고 영원한 '계급적(집합적) 투쟁'외에는 볼 수 없었다. 오로지 총합(aggregates)을 통해서만 생각함에 따라, 비극적이게도 리카도주의자들은

'생산'과 '유통'(distribution, 분배)의 문제를 서로 투쟁하는 계급갈등의 쟁점인 분배와 분리시키기로 하였다. 이에 따라, 그들은 노동자의 임금은 오로지 자본가와 지주의 이윤과 지대를 더 낮은 수준으로 희생시켜야만 오를 수 있고, 그 반대도 마찬가지라는 결론을 받아들일 수 밖에 없었다. 이렇게 리카도주의자들은 마르크스주의체제에 다시 볼모로 잡히고 말았다.

개인이 아니라 집합을 통해서 경제학을 이해하면서, 고전학파 경제학자들은 소비에 대해 결코 분석할 수 없었을 뿐만 아니라, 가치와 가격을 설명할 때에도 잘못된 길로 빠졌다. 그들은 생산의 개별적 요소들, 즉 노동, 토지, 혹은 자본재의 구체적 단위의 가격이 어떻게 결정되는지에 대한 설명에 접근할 수조차 없었다. 1800년대 중반이 지나면서 리카도주의 경제학의 결함과 오류는 더욱 분명해졌다. 경제학 자체가 종언을 고하게 되었다.

인간의 발명사에서는, 유사한 발견이, 공간적으로 또 조건적으로 완전하게 다른 곳에 사는 낯선 사람들에 의해 동시에 이루어지는 사례가 흔히 있다. 앞에서 언급했던 역설들에 대한 해결책이, 영국에서 제본스(William Stanley Jevons)에 의해서, 스위스의 로잔에서 발라(Leon Walras)에 의해서, 그리고 비엔나에서 멩거(Carl Menger)에 의해서 1871년 같은 해에 순전히 독립적으로 그리고 서로 다른 형태로 나타났다. 그 해에 현대 경제학 혹은 '신고전학파'(neo-classical) 경제학이 탄생한 것이다. 그러나 제본스의 해결책과 경제학에 대한 그의 새로운 전망은 파편적이었고 불완전했다. 더욱이 그는 영국이라는 빡빡한 지적 세계에서 리카도주의 경제학이 쌓아올려왔던 거대한 위신과 맞서 싸워야만 했다. 결국 제본스는 미미한 영향만 끼쳤을 뿐이고 추종자도 거의 모으지 못했다. 발라의 체계도 역시 당시에는 거의 영향을 끼치지 못했다. 나중에 우리가 보게 되겠지만, 발라의 입장은 몇 년 후 불행하게도 현재의 '미시경제학'이 가진 오류의 토대를 형성하면서 재탄생했다. 신고전학파 셋 중에서 단연 돋보이는 전망과 해결책을 내놓은 이는 비엔나 대학교의 경제학 교수였던 멩거였다. 또 '오스트리아학파'(Austrian School)의 기초를 다진 것도 멩거였다.[1]

   멩거의 선구적 작업은 그의 영특한 제자이자 비엔나 대학교에서 그의 교수직을 계승한 뵘바베르크(Eugen von Böhm-Bawerk)의 매우 체계적인 저작에서 제대로 된 결실을 맺었다. 오스트리아학파의 숙성된 산출물은, 1880년대에 쓰여져 세 권 분량으로 출판된, 뵘바베르크를 정점에 오르게 한 기념비적 저작인 《자본과 이자》(Capital and Interest)였다.[2] 1800년대 마

---

[1]   멩거의 《경제학의 기본원리》(Principles of Economics, (Glencoe, Ill.: The Free Press, 1950)를 보라. 이 책은 딩월(James Dingwall)과 호셀리츠(Bert F. Hoselitz)가 1950년에 번역하여 출판하였고, 2007년에 미제스 연구소에서 재출판하였다.(Auburn, Ala.: Ludwig von Mises Institute) [역주: 한국어판 역시 《국민경제학의 기본원리》라는 이름으로 판매되고 있다.] 독일어 원본은 Grundsatze der Volkswirtschaftslehre (1871) 를 보라. 또한 멩거의 《경제학과 사회학의 문제들》(Problems of Economics and Sociology, Urbana: University of Illinois Press, 1963)역시 참고하라. 이 책은 1963년에 녹(Francis J. Nock)이 번역하여 출판하였다. 독일어 원본은 Untersuchungen uber die Methode der Socialwissenschaften und der Politischen Oekonomie insbesondere (1883) 이다.

[2]   뵘바베르크의 세 권 분량의 《자본과 이자》의 제1권인 《이자이론의 역사와 그 비판》(History and Critique of Interest Theories), 제2권인 《자본의 실증이론》(Positive Theory of Capital), 그리고 제3권인《자본과 이자에 관한 소고》(Further Essays on Capital and Interest)를 보라. 이 책들은 1959년에 헌케(George D. Huncke)와 센홀츠(Hans F. Sennholz)가 번역하여 출판한, 최초로 완전하게 영역된 뵘바베르크의 《자본과 이자》의 세권 분량 그리고 넷째 추가판이다. (Grove City, Penn.: Libertarian Press, 1959) 뵘바베르크의 명저의 독일어 원본은, Kapital und Kapitalzins (제1권 초판은 1884년, 제2권 초판은 1889년에 출판, 제3권 초판과 제1권의 완전개정판은 1914년 출판, 제2권과 제3권의 개정판은 1909과 1912년에 출판, 뵘바베르크 사후에 제1권, 제2권, 제3권의 제3판은 1921년에 출판) 이다.

지막 20년간 오스트리아학파에 기여했던 다른 위대한 창조적인 경제학자들도 언급해야할 것이다. 뵘바베르크의 처남으로 유명한 비저(Friedrich von Wieser) 그리고 미국의 경제학자였던 클라크(John Bates Clark)가 그들이다. 그러나 뵘바베르크가 그 중 가장 우뚝 솟아올랐다.

경제학의 딜레마에 대한 오스트리아학파의, 즉 멩거와 뵘바베르크의 해결책은 리카도주의자들의 해결책보다 훨씬 포괄적이다. 왜냐하면 오스트리아학파의 해결책은 완전히 대조적인 인식론에 뿌리를 박고 있었기 때문이다. 오스트리아학파는 실수를 저지르지 않았고, 그들의 분석의 중점은 개인에게 두었다. 즉, 자신의 선호 그리고 가치를 기초로하여 선택을 하는, 현실세계의 행동하는 개인에게 중점을 두었다. 개인에게서 시작함에 따라, 오스트리아학파는 경제적 활동과 생산에 대한 분석을 개별 소비자의 가치와 '수요'(demands) 위에 올바르게 위치지울 수 있었다. 각각의 소비자는 그 자신이 선택한 선호 그리고 가치척도에 입각하여 행동한다. 그리고 이러한 개별 소비자의 가치가, 모든 생산적 활동에 기초와 방향을 마련해주는 동시에, 그러한 생산적 활동이 소비자의 수요를 형성하도록 상호작용하고 결합시키는 역할을 한다. 현실세계를 직시하며 경제학적 분석을 개인에게 근거지음에 따라, 오스트리아학파는 생산적 활동이 소비자의 수요에 봉사하려는 기대에 근거하고 있음을 확인할 수 있었다.

그리하여 오스트리아학파에 있어, 재화나 서비스에 가치를 부여하는 원인이, 노동이나 어떤 다른 생산요소 등 생산적 활동에 의한 것이 아님이 명백해졌다. 가치는 개별 소비자들의 주관적 가치판단에서 기인하는 것으로 밝혀졌다. 간단히 말해서, 저자가 거대한 삼륜 증기자동차를 완성하는 일을 하는 데 30년의 노동시간과 다른 자원을 지출하였다고 가정해보자. 하지만 만일 이 삼륜차를 내놓았을 때 사려고 하는 소비자가 전혀 없다면, 그것은 내가 지출했던 잘못된 노고에도 불구하고 경제적으로는 무가치한 것이다. 가치는 소비자의 가치판단에서 비롯되고, 재화와 서비스의 상대적 가격들은 생산물들에 대한 소비자들의 가치판단과 수요의 정도 그리고 강도에 의해서 결정된다.[3]

오스트리아학파가 큰 '집합'을 통해서 보는 것이 아니라, 명확히 개인을 통해서 보게 되면서, 고전학파 경제학자들을 난처하게 했던 '가치의 역설'을 쉽게 해결할 수 있게 되었다. 왜냐하면 시장에서 어떠한 개인도 집합으로서의 '빵'과 집합으로서의 '다이아몬드' 사이에서의 양자택일의 문제에 부딪히지 않기 때문이다. 오스트리아학파는 어떤 사람이 가지고 있는 재화의 양이 더 커지면 (단위들의 수가 더 많아지면) 그가 어떤 주어진 단위에 가치를 덜 부여하게 될 것임을 보여주었다. 물이 없는 사막을 비틀거리며 걷고 있는 사람은 한 컵의 물에 아주 높은 '효용'가치를 부여할 것이나, 반면 주위에 물이 풍부한 비엔나 혹은 뉴욕과 같은 도시에 사는 사람은 어떤 주어진 컵의 물에 아주 낮은 가치 혹은 '효용'을 부여할 것이다. 그렇기에 사막에서 한 컵의 물에 지불할 가격은 뉴욕에서 지불할 가격에 비해 대단히 클 것이다. 간단히 말해서, 행동하는 개인은 집

---

3)   Böhm-Bawerk, 《뵘바베르크 단편선》(Shorter Classics of Böhm-Bawerk, Grove City, Penn.: Libertarian Press, 1962)에 수록된 "가치의 궁극적 기준"(The Ultimate Standard of Value)을 보라.

합 전체가 아니라, 그 집합의 특정한 단위 혹은 '한계'(margins)에 직면하고 선택한다. 오스트리아학파의 이 발견을 '한계효용체감의 법칙'(law of diminishing marginal utility)이라고 한다. '빵'이 '다이아몬드'보다 훨씬 더 싼 이유는, 우리가 모든 빵과 모든 다이아몬드 중에서 선택하기 때문이 아니라, 빵 덩어리의 양이 다이아몬드 캐럿의 양보다 훨씬 더 많기 때문이다. 그래서 각각의 빵 덩어리의 가치와 가격은 각각의 다이아몬드 캐럿의 가치와 가격보다 훨씬 작은 것이다. '사용가치' 그리고 '교환가치'간의 충돌은 없다. 이용가능한 빵 덩어리들이 많기 때문에, 각각의 빵 덩어리들은 개인들에게 각각의 다이아몬드 캐럿보다 덜 '유용'한 것이다.

시장에서 소득의 '분배' 문제도 개인들의 행동에 마찬가지로 '한계분석'에 똑같이 관심을 기울일 때 해결할 수 있다. 오스트리아학파는 노동, 토지, 혹은 자본설비 등 유형이 다르더라도 자유시장에서는 각각의 생산요소 단위가 각자의 '한계생산성'에 기초하여 자유시장에서 가격이 매겨진다는 것을 보여주었다. 다시 말해, 노동, 토지, 혹은 자본 설비는, 그것이 소비자들이 구매하는 최종 생산물의 가치에 실제로 얼마나 기여하는가에 기초하여 가격이 책정된다. 어떤 주어진 생산요소 단위의 공급이 더 커지면, 그것의 단위당 한계생산성과 단위당 가격은 더 작아질 것이다. 단위당 공급이 작아지면 단위당 가격은 더 높아질 것이다. 이런 식으로, 오스트리아학파는 서로 다른 생산요소 집합들 간의 부질없고 자의적인 집합적 투쟁이나 갈등 따위는 없고, 각각의 유형의 생산요소가 조화롭게 최종생산물에 기여하며, 가장 효율적인 방식으로 (즉 가장 자원을 싸게 이용하는 방식으로) 소비자들의 가장 강력한 수요를 충족시키는 쪽으로 향하게 된다는 점을 보여주었다. 각각의 생산요소의 단위는 생산적 결과에 대한 그 자신의 고유한 기여, 즉 한계생산을 한다. 만약 어떤 이해관계 갈등이 있다고 말해야 한다면, 그것은 적어도 생산요소들간에, 즉 토지, 노동, 그리고 자본 간에 일어나는 것은 아니다. 이해관계 갈등은 오로지 같은 생산요소를 공급하는 사람들 사이에서만 일어날 수 있다. 예컨대, 만약 어떤 사람이 새로운 구리 광산을 발견하게 되었다면, 증대된 구리 공급은 구리의 가격을 낮추게 될 것이고, 이것은 소비자들의, 그리고 노동과 자본요소들간의 협동의 편익과 소득을 증진시키는 데만 작용한다. 유일하게 불행이 생긴다면 그것은 자기네들이 생산하는 구리 가격이 하락함을 알게 되는 기존 구리 광산 소유자들 사이에서만 일어날 수 있을 것이다.

이에 따라, 오스트리아학파는 자유시장에서는 '생산'과 '분배' 사이에 어떤 분리도 전혀 없음을 보여주었다. 소비자의 가치와 수요가 모든 것을 결정한다. 소비자의 가치와 수요는 소비자가 어떤 소비재를 구매할 것이고, 그 소비재의 최종가격이 어떻게 형성되는지를 결정한다. 이에 따라 생산활동의 방향이 결정되며, 이어서 임금률, 지대, 자본설비 등 협동적인 생산요소들의 단위당 가격을 결정한다. 소득의 '분배'는 단지 각 생산요소 가격의 결과물일 뿐이다. 그래서 만일 구리 가격이 파운드 당 20센트이고 구리 소유자가 10만 파운드의 구리를 팔게 된다면, 구리 소유자는 '분배'로 2만 달러를 받게 될 것이고, 만일 누군가의 임금이 시간당 4달러이고 그리고 그가 1주일에 40시간을 일한다면 그도 '분배'로 1주일에 160달러를 받게 되는 것이다.

마르크스주의자들이 제기한 이윤과 '응결된 노동'(기계류로 형태를 갖추게 된 노동)의 문제는 무엇인가? 뵘바베르크는 다시 또 개인의 분석으로부터 시작하여, 자신의 바램과 목표를 가능한 한 빨리 성취하려고 소망하는 것이 인간행동의 기본 법칙임을 확인하였다. 그래서 행위자는 지금 당장 사용할 수 있는 '현재재'(present goods)를, 일정 시간을 기다려야만 사용할 수 있는 '미래재'(future goods)보다 항상 선호한다. 예컨대 [다른 조건이 동일하다면] 이미 소유하고 있는 새가 숲속을 날아다니는 새보다 항상 더 가치있을 것이다. 그래서 사람들은 미래에 생산될 재화의 양을 증대시키기 위해서 자본설비에 그들의 현재 수입 전부를 투자하지는 않는다. 이것이 바로 경제학의 기본 원리 중 하나인 '시간 선호'(time preference)이다. 행위자들은 반드시 현재재로서의 소비재를 먼저 간직해야만 한다. 물론 서로 다른 조건과 문화에 있는 사람들의 시간 선호의 **비율**, 즉, 미래재보다 현재재를 얼마나 선호하는지의 비율은 서로 다르다. 만약 시간 선호율이 더 낮으면 더 많이 저축하고, 미래의 생산에 투자할 것이다. 시간 선호가 이자율과 이윤의 원인이다. 이자율이나 이윤이 얼마나 높을지를 결정하는 것은 시간 선호의 정도(degree)와 강도(intensity)이다.

예컨대 대출이자율을 들어보자. 중세시대와 근대 초기의 스콜라학파 철학자들은 나름대로는 훌륭한 경제학자이자 시장 분석가였다. 그러나 그들이 설명할 수 없었고 정당화할 수 없었던 하나는 대출에 이자를 부과시킨다는 문제였다. 그들은 위험한 투자에서 이윤을 얻는다는 점을 이해할 수 있었지만, 아리스토텔레스로부터 화폐 그 자체는 자가 증식도 못하고 생산적이지도 않다는 점을 배워왔다. 그렇기 때문에 파산 위험이 없다고 가정하면 순수한 대출 이자가 어떻게 정당화될 수 있는가? 이에 대한 해답을 찾을 수 없기 때문에 교회와 학자들은, 대출에 대한 모든 이자를 죄많은 '고리대금업'이라고 비난함으로써, 세속인들로 하여금 그들의 접근법까지도 의심스럽게 만들었다. 마침내 시간 선호의 개념으로 대출이자 문제의 해답을 발견한 이가 바로 뵘바베르크였다. 뵘바베르크에 따르면, 채권자가 채무자에게 1년 후에 106달러를 받는다는 조건으로 지금 당장 100달러를 빌려줄 때, 두 사람은 같은 것을 교환한 것이 아니다. 채권자는 채무자에게 지금 당장 원하면 사용할 수 있는 '현재재'인 100달러를 양도하였다. 반면에 채무자는 지금으로부터 1년 후 화폐를 받을 수 있음을 알려주는 부채증서(IOU)를 조건으로 걸었다. 간단히 말해서, 채권자는 채무자에게 '현재재'를 주는 반면, 채무자는 채권자에게 사용하기 위해서 1년을 기다려야 하는 '미래재'를 주고 있다. 시간 선호라는 보편적 사실이 현재재를 미래재보다 더 가치있게 만들기 때문에, 채권자가 가진 현재재의 가치보다 더 큰 가치를 가진 미래재를 채무자가 지불할 의향이 있어야만 거래가 성사된다. 이러한 웃돈(premium)이 바로 이자율이다. 그 웃돈이 얼마나 큰지의 여부는, 시장에 있는 각각의 사람들의 시간 선호율에 달려있다.

그러나 뵘바베르크가 보여준 것이 이게 전부는 아니다. 그는 시간 선호율에 어떻게 사업 이윤율도 마찬가지 방식으로 결정하는지도 보여주었기 때문이다. 사실상 '정상적인'(normal) 사업이윤율은 이자율과 일치한다. 노동과 토지가 생산과정에서 고용되는 것과 관련하여 매우 중요한 사실은, 생산물이 생산되어 최종적으로 소비자에게 팔릴 때 까지, 그들은 자기 몫의 대가를 기다릴 필요가 없다는 점 (만약 자본가인 고용주가 없다면 기다려야 하겠지만) 역시 뵘바베르크가 보여주었다. 만약 자본가인 고용주가 없었다면, 자동차, 빵, 혹은 세탁기등의 최종 생산물이 소비자에게 팔릴 때 까지, 노동자나 토지소유자는 자기 몫을 지불받지 못한 채 여러 달 혹은 여러 해 동안 기다리며 고생해야만 할 것이다. 자본가들이 위대한 점은, 소득에서 돈을 미리 저축한 다음, 노동자와 토지소유자들이 아직 한참 생산하는 동안 임금을 미리 지불해주고, 최종 생산물이 소비자에게 팔릴 때까지 기다렸다가 남는 자기 몫을 취하는 서비스를 수행한다는 점이다. 자본가들이 수행하는 바로 이러한 서비스 덕분에, 노동자와 토지소유자들은 자신들의 이윤 혹은 이자를 자본가들에게 '지불'할 용의를 갖는다. 간단히 말해서, 자본가들은 일종의 '채권자'와 같다. 그들은 지금 당장 노동자와 토지소유자에게 그들의 몫을 지불하고, 최종 생산물이 팔려 궁극적으로 지출이 회수될 때까지 인내심있게 기다린다. 어떤 의미에서 보면, 노동자와 토지소유자들은 미래에 대가를 치르겠다고 약속하고 지금 당장 이득을 취하는 '채무자'에 해당한다. 이렇듯, 정상적인 사업이윤율은 다양한 시간 선호율의 차이에 의해 결정된다.

뵘바베르크는 이를 다른 방식으로도 표현했다: 자본재는 단순히 '응결된 노동'이 아니다. 그것은 응결된 시간(그리고 토지)이기도 하다. 우리는 사람들 사이의 시간 선호율에 차이가 있다는 중대한 점 덕분에 이윤과 이자를 설명할 수 있다. 또 뵘바베르크는 자본에 대한 경제학적 분석 역시 엄청나게 진전시켰다. 리카도주의자들은 물론이고 오늘날의 많은 경제학자와도 대조적으로, 그는 '자본'이라 일컬어지는 것들이 동질적인 덩어리거나[4] 양적인 무언가가 아님을 보여주었다. 자본은 시간적 차원도 포함되어있는 복잡한 씨줄 날줄이 있는 '직물'(패치워크)과 같은 것이다. 경제성장과 생산성의 증가는 단순히 자본의 양이 증가함에 따라 이루어지는 것이 아니라, 자본의 시간적 구조가 더해짐에 따라 '더 길고 긴 생산과정'을 구축함에 따라 이루어지는 것이다. 사람들의 시간 선호율이 낮을수록, 그들은 현재의 소비를 더 많이 희생하여 저축하고, 미래에 어느 날엔가 훨씬 더 큰 양의 소비재를 수확할 이러한 긴 생산과정에 투자할 용의를 가질 것이다.

---

4) Böhm-Bawerk, 《자본과 이자》 제2권, 《자본의 실증이론》 pp.1-118를 보라.

2 미제스와 오스트리아학파: 《화폐와 신용의 이론》

청년 미제스는 1900년에 비엔나 대학교에 입학하였고, 여기서 1906년 법과 경제학 박사학위를 받았다. 그는 곧 정기적으로 열리는 뵘바베르크 세미나에서 가장 우수한 학생의 하나가 되었다. 오스트리아학파의 접근법에 발을 들여놓으면서 미제스는 뵘바베르크 그리고 구(舊)오스트리아학파들이 많은 진전을 보지 못했음을 알게 되었다. 그들이 오스트리아학파의 분석이 이룩할 수 있는 최대한까지 밀고 나가지 못했기 때문에, 결국 오스트리아학파 경제학에도 중요한 허점이 여전히 남아 있었다. 물론이는 어떤 학문 분야라도 가지고 있는 문제이다. 학문의 발전은 학생과 추종자들이 그들의 위대한 스승의 어깨 위에 서게 될 때 비로소 이루어진다. 그렇지만 모든 경우에 흔히 그러하듯이, 스승들은 그들의 후계자들이 이룬 진보의 가치를 부인하거나 보지 못하곤 한다.

특히 미제스가 포착했던 주요 **허점**은 **화폐**에 대한 분석이었다. 오스트리아학파가 생산요소들뿐만 아니라 소비재에 대해서도 가격이 상대적으로 형성된다는 점을 분석해냈음은 맞다. 그러나 고전학파 경제학자들의 시대에서부터, 화폐는 별도의 범주로 받아들여졌고, 경제체제의 나머지가 총체적으로 분석되는 와중에도, 당시까지의 구오스트리아학파, 그리고 유럽과 미국의 다른 신고전학파 모두에게 화폐이론과 나머지 경제이론에 대한 고전학파의 분리는 계속 유지되었다. 즉, 화폐와 '가격수준'(price level)이 나머지 시장경제와 전체적으로 괴리된 채 분석되고 있었다. 우리는 지금도 이 유감스러운 구분의 불행한 결과물을 '거시'경제학과 '미시' 경제학의 분리에서 볼 수 있다. '미시경제학'은 최소한 대략적이나마 개별 소비자와 생산자의 행동에 기반하고 있으나, 주류 경제학자들이 화폐를 논할 때가 되면, 그들은 갑자기 비현실적인 복합체, 즉 화폐적인 '가격수준', '국민 총생산', 그리고 '총지출'이라는 가공의 세상으로 빠지게 된다. 경제학이 개인의 행동에 견고하게 기초해야 한다는 점에서 벗어났기에 '거시경제학'은 고전학파가 저지른 오류들에서 새로운 오류들로 뛰어 올라갔다. 미제스가 첫번째 학문적 전성기를 맞은 20세기의 첫 10년 동안, 미시와 거시 사이의 이러한 분리가 피셔를 오도하였다. 미국의 경제학자 피셔(Irving Fischer)는 개인의 행동에 전혀 근거하지 않은 채, 또 더 건전한 몸체인 신고전학파의 '미시'경제학 분석에 화폐와 다른 주제들을 통합시키려고 하지도 않은 채, '가격수준'과 '유통속도'(velocity of circulation)라는 정교한 이론을 세우는 쪽으로 급격하게 치달았다.

이러한 균열을 보수하기 시작한 인물이 바로 미제스였다. 미제스는 화폐와 ('가격수준'이라고 잘못 불리우는) 화폐구매력에 대한 경제이론들을, 개인과 시장경제라는 오스트리아학파의 분석 위에 세우기 시작했다. 그리하여 경제체제의 모든 부분을 설명하게 될, 대단히 체계적인 경제학에 도달하기 시작했다. 미제스는 이 기념비적 성취를 그의 첫 대작인《화폐와 신용의 이론》(*Theorie des Geldes und der Umlaufsmittel, The Theory of Money and Credit, 1912*)[5]에 담았다. 이는 뵘바베르크의 창조적인 통찰력에 비견할 만한 눈부신 성취였다. 마침내 미제스를 통하여, 경제학은 개인의 행동에 기반한 경제현상의 전반적인, 또 체계적인 분석이 되었다. 이제 화폐와 상대적인 가격 사이에, 그리고 미시와 거시 사이에 결코 균열이 있어서는 안되게 되었다. 화폐량과 가격수준 사이에는 어떤 자동적인 관계가 있고, 이를 '유통속도'와 '교환방정식'(equation of exchange)과 같이 기계적이고 역학적으로 설명하려는 피셔의 관점은, 화폐 자체에 대한 수요와 공급에도 한계효용이론을 체계적으로 적용해야 한다는 미제스의 주장에 의해 확실하게 제거되었다.

특히, 미제스는 다른 모든 재화의 가격이 그것의 이용가능한 양과 (소비자의 한계효용에 기초한) 그 재화에 대한 소비자의 수요의 강도에 의해서 결정되는 것처럼, 화폐단위의 '가격'과 구매력이 똑같은 방식으로 시장에서 결정된다는 점을 보여주었다. 화폐에 대한 수요는, 어떤 사람의 현금잔고로 (조만간 유용한 재화)이나 서비스로 그것을 지출하기 위해서 지갑이

---

5) 배슨(H.E.Batson)이 1934년에 번역하였다. 《화폐 재건》(*Monetary Reconstruction*, New Haven, Conn.: Yale University Press, 1953)으로 재출판되었고, 경제교육재단(Foundation for Economics Education)이 1971년에도 재출판하였다. 필자의 서문을 달아 리버티 출판사 (Liberty Press/Liberty Classics)에서 1989년에 또 재출판하였다.

나 은행에) 보유하려는 수요이다. 화폐단위(달러, 프랑, 혹은 골드 온스)의 한
계효용이 현금 잔고에 대한 수요의 강도를 결정한다. 그리고 이용가능
한 화폐량과 그에 대한 수요 사이의 상호작용이, 달러의 '가격', 즉 달러
로 얼마나 많은 재화를 교환하여 살 수 있는지를 결정한다. 미제스는 달
러나 골드 온스의 공급증대가 그것의 가치 혹은 '가격'의 하락(즉, 다른 재
화)이나 서비스의 가격의 상대적 상승)으로 이어질 것이라는 고전학파의
'화폐수량설'에 동의하였다. 그러나 그는 화폐수량설의 거친 면을 엄청
나게 다듬었고, 그것을 일반적인 경제분석으로 통합하였다. 한 가지 예
를 들자면, 미제스는 이러한 움직임은 거의 비례적이지 않다는 것, 화폐
의 공급증대가 그 가치를 하락시키기는 하지만, 화폐수량설 자체만으로
현실에서 얼마나 하락시킬 것인가, 심지어 과연 그러한 일이 일어나기는
할 것인가의 여부까지 설명할 수는 없다고 보았다. 예컨대 대중이 그 화
폐를 현금잔고로 유지하려는 수요에 달려 있다. [즉, 이러한 분석은 화폐
수량설 자체만으로는 파악할 수 없는 것이고, 경제이론의 더 넓은 측면
을 고려해야만 한다.] 또한, 미제스는 '화폐량'이 총합으로, 즉 똑같이 증
가하는 것이 아님을 보여주었다. 새로 유입되는 화폐는 경제체제에 한
지점에 먼저 투입된다. 그리고 시간이 지남에 따라 경제 전반에 걸쳐 새
로운 화폐가 점점 퍼져나가며 가격을 상승시킨다. 가령, 만약 정부가 새
로운 화폐를 찍어내고 그것을 종이집게산업에 지출한다면, 비오스트리
아학파 경제학자들이 말하듯이 '가격수준'의 단순한 증대가 일어나는 것
이 아니다. 처음에는 '종이집게'(paper clips) 산업 종사자들의 소득을 먼저
증진시키고, 종이집게의 가격을 상승시킬 것이고, 종이집게산업에 대한

공급자들의 가격 등등 역시 상승시킬 것이다. 그리하여 화폐공급의 증가
는 최소한 상대적인 가격들을 일시적으로 변화시키고, 상대적인 소득에
영구적인 변화를 초래할 수 있다.

　게다가, 미제스는 리카도와 19세기 전반의 영국 통화학파에 있었지만
오랫동안 잊혀졌던 화폐에 대한 주요 통찰력을 부흥시켰다. 그 통찰력이
란 것이, 금을 산업적으로나 소비하는데 사용하는 것을 논외로 한다면,
화폐 공급 증대 자체는 아무런 사회적 편익도 주지 않는다는 것이다.[6]

　토지, 노동, 자본과 같은 생산요소들의 증대는 더 많은 생산과 더 높은
생활수준을 가져오지만, 화폐의 증대는 그 구매력만 희석시킬 뿐이고 생
산을 증대시키지는 못한다. 만일 마치 마술처럼 어제밤 모든 사람의 지
갑이나 은행계좌의 화폐량이 세배로 뛰었다면 사회는 개선되지 않을 것
이다. 그런데, 미제스는 '인플레이션'(화폐량의 증가)이 엄밀하게 말해서 모
든 사람에게 동시에 적용되지는 않는다는 것이다. 즉, 화폐공급이 증대
되는 경우, 모든 사람이 새로운 화폐를 동시에 똑같은 수준으로 획득하
는 것이 아니라는 것이다. 반대로, 정부, 혹은 보조금이나 정부매입 등으
로 정부와 매우 가까운 관계에 있는 사람들이 새로운 화폐를 받을 첫 수
령자이다. 그들의 소득은 새로운 화폐로 인해 가격이 오르기 전에 먼저
증대된다. 반면에, 새로운 화폐를 가장 마지막으로 받는 (혹은 그러한 화폐
를 전혀 수령하지 못하는) 불운한 사회구성원들은, 새로운 화폐를 통해 증대된
소득을 미처 누리기도 전에, 이미 물가수준이 광범위하게 상승하였기 때

---

6)　역주: 다른 조건이 같다면, 소비재의 공급 증가는 생활수준의 향상이라는 사회적 혜택을 준다.

문에 오히려 손해를 본다. 간단히 말해서, 인플레이션은 정부나 정부와 가까운 관계에 있는 경제집단이, 정치권력을 가지고 있지 못한 사람들을 희생시킴으로써, 은밀하게 그러나 효과적으로 편익을 얻을 수 있다는, 어찌보면 매력적인 특성을 가진다.

그리하여 미제스는 인플레이션(화폐공급의 팽창)이 세금부과이고 부의 재분배라는 점을 보여주었다. 정부에 의한 화폐공급의 증대라는 인위적인 방해없이 발전하는 자유시장경제에서, 물가는 재화와 서비스의 공급이 팽창됨에 따라 전반적으로 하락하는 경향을 보인다. 그리고 가격과 비용의 하락은, 19세기의 대부분의 기간에서 보여졌듯이, 산업발전의 정말이지 환영할 만한 특징이다.

한계효용을 화폐에 적용하면서 미제스는 대부분의 경제학자들이 정복할 수 없다고 보았던 문제, 소위 '오스트리아학파의 순환'(Austrian circle)을 극복했다. 경제학자들은 달걀과 밀과 빵의 가격이, 이 품목들의 각각의 한계효용에 의해서 결정된다는 점을 볼 수 있었다. 그러나 그 자체로 소비되기 위하여 수요되는 이 재화들과는 달리, 화폐는 재화를 구입하는 데 지출하기 위해서 수요되고 현금 잔고로 보유된다. 따라서, 화폐는 시장에서의 가격과 구매력을 나타내는 것으로 미리 존재하고 있어야만 사람들에 의해 수요될 수 있다(또 그런 경우에만 화폐는 단위당 한계효용을 가진다). 그러나, 만약 화폐가 수요되기 위해서 사전에 가격(가치)이 미리 존재해야 한다면, 도대체 화폐가 최초로 등장한 가상의 상황은 어떻게 설명할 수 있는가? 최초의 화폐는 어떻게 단위당 한계효용을 가지고 화폐가격을 가질 수 있다는 말인가? 이전까지의 경제학자들은 이를 설명하지 못했다. 그러나 미제스는 그의 '회귀정리'(regression theorem)에서 '오스트리아 학파의 순환'을 벗어던지고 그 자신의 가장 중요한 이론적 성취 중 하나를 이뤄냈다. 그는 화폐에 대한 수요를 논리적으로 설명한다. 미제스는 종이화폐가 아니라 물물교환이 이루어지던 아주 옛적으로까지 논리적으로 추적하고, 단순히 교환매개체일 뿐만 아니라 직접적으로도 유용한 가치를 가졌던 상품(예컨대 금과 은)만이 최초의 화폐가 될 수 있었음을 보여주었다. 미제스는 화폐가 오로지 한 방식으로만 기원할 수 있었음을, 즉 유용한 재화로서 시장에서의 직접적인 수요를 가지고 있는 재화에서만 기원할 수 있음을 설명하고, 화폐의 가격이나 구매력에 대한 논리적인 설명을 완수하였다. 이것은, 어떤 사물을 단순히 화폐라고 선언하는 정부나 일종의 사회계약에 의해서 한번에 화폐가 탄생할 수 없다는 중요한 함의를 가진다. 화폐는 오로지 일반적으로 유용하고 가치있는 상품으로부터만 발전할 수 있었던 것이다. 멩거 역시 이전에 화폐가 이런 방식으로 출현했을 것이라고 유추하였다. 그러나 화폐가 시장에서 이런 원리로 기원하는 것이 반드시 필연적이라고 확정지은 이는 미제스였다.

그러나 이러한 설명은 더 많은 의미를 함축한다. 왜냐하면, 미제스의 설명은, 당시나 지금이나 대부분의 경제학자들의 관점과 달리 '화폐'가 단순히 '달러', '파운드', '프랑'처럼 정부가 정의한 자의적인 단위나 혹은 종이조각이 아니라는 점을 의미하기 때문이다. 화폐는 금, 은, 기타 등등과 같이 유용한 상품으로서 기원되어야만 한다. 본래의 화폐단위, 즉 회계와 교환의 단위는 '프랑'이나 '마르크'가 아니라 금의 무게(gold gram) 혹은 은의 무게(silver ounce)이었다. 즉, 본질적으로 화폐단위는 특정한 가치있는 시장생산 상품(금과 은 등)의 무게단위였다. 실제로, 오늘날의 거의 모든 화폐의 이름이 금이나 은의 무게단위를 의미했던 달러, 파운드, 프랑 등등인 것은 신기한 일이 아니다. 심지어 오늘날과 같은 화폐적 혼돈 속에서도 미국의 법전은 여전히 달러를 금 1온스의 1/35(지금은 1/40 상당)로 정의하고 있다.

이러한 분석이, 정부가 자의적으로 생산한 달러나 프랑의 공급증대가 사회적 해악들을 유발한다는 미제스의 또 다른 입증과 결합함에 따라, 미제스는 정부가 화폐체제에서 완전히 분리될 방안도 제시한다. 왜냐하면, 애초에 화폐의 본질이 금이나 은의 무게라면, 그러한 무게들이 다시 금 화폐와 화폐적 교환의 매개단위로 자리잡는 세계가 복원되는 것 역시 가능하기 때문이다. 금본위제는 수구적인 집착이 아니며 정부의 임의적인 장치와는 매우 거리가 멀다. 그것은 순전히 시장에서만 생산되는 화폐를 제공할 수 있고, 강압적인 정부의 고유한 인플레이션 그리고 재분배 경향에도 굴복하지 않을 수 있다. 건전하며 정부가 간섭하지 않는 화폐는, 생산성의 증대가 이루어지면 이루어질수록 그에 상응하여 가격과 비용이 하락하는 세상을 의미한다.

미제스의 기념비적인 《화폐와 신용의 이론》의 업적은 상기한 것이 전부가 아니다. 왜냐하면 미제스는 화폐공급에서 은행의 역할 역시 입증하였기 때문이다. 즉, 미제스는 정부통제와 명령으로부터 간섭받지 않는 자유은행체제만이, 화폐의 인플레이션적 팽창으로 귀결되지 않고, 지불수요에 의해 어쩔 수 없이 '태환화폐'(hard money)라는 건전하고 비인플레이션적 정책을 취할 은행체제로 귀결됨을 보여주었다. 대부분의 경제학자들은 정부의 중앙은행(연방준비제도처럼 정부은행이 은행을 통제하는 것)이 민간은행들의 인플레이션적 경향을 제한하기 위하여 필요하다며 옹호해왔다. 그러나 미제스는 중앙은행의 역할이 엄밀하게 말해서 그 반대이었음을, 즉, 자유시장이 은행의 활동에 가하는 엄중한 제약들로부터 은행을 해방시켜주고, 은행들이 대출이나 예금을 인플레이션적으로 팽창하도록 자극하고 유도하는 것이 바로 중앙은행임을 증명하였다. 중앙은행의 반대론자들이 익히 잘 알고 있다시피, 중앙은행은 언제나 은행을 시장의 제약으로부터 자유롭게 풀어주는 인플레이션적 장치에 불과하다.

여기에 더하여,《화폐와 신용의 이론》의 또 다른 중요한 성취는, 오스트리아학파의 한계효용 개념을 불구로 만든 비개인주의로의 일탈도 일소시켰다는 것이다. 그 당시까지의 오스트리아학파 학자들은, 개인의 실제 행동에 집중해야 하는 오스트리아학파의 기본적 방법론과 모순되게도, 한계효용을 측정가능한 수학적 양으로 개조하고자 노력했던 제본스-발라의 견해를 따라가는 모습을 보이곤 했다. 심지어 오늘날에도 경제학 교과서들은 덧셈이나 곱셈 등의 수학적 계산을 통해 산출할 수 있는 '효용'(utils)단위라는 말을 사용하며 한계효용을 설명한다. 그러나 그것을 읽는 학생이 "버터 한 파운드에 4 효용단위의 가치를 둔다"는 말이 터무니 없음을 느낀다면, 그 학생은 정확한 것이다. 미제스는, 뵘바베르크 세미나에서 동료 학생이었던 체코인 쿠엘(Franz Cuhel)의 통찰에 근거해서, 한계효용이 측정가능하다는 생각을 격렬하게 반박하였고, 한계효용에는 어떠한 신비로운 단위나 양이 가정될 수 없고, 오직 개인들이 자신의 가치를 선호 서열("나는 B보다 A를 선호하고, C보다 B를 선호한다.")에 따라 열거하는, 엄격히 말해서 서수적 서열에 따라 형성된다는 것을 보여주었다.

　만일 한 사람의 효용이 '측정가능'하다고 말하는 것이 성립되지 않는다면, 마찬가지로 사회에 있는 사람들 사이의 효용들을 비교하려는 것도 성립할 수 없다. 하지만 국가주의자들과 평등주의자들은 여러 세기에 걸쳐서 이런 방식으로 효용 이론을 정립하려고 노력해왔다. 우리는 각각의 사람이 화폐를 더 많이 가질수록, 화폐의 단위당 한계효용이 떨어질 것임을 말할 수 있다. 그런데, 왜 우리는 정부가 화폐의 단위당 가치를 비교적 낮게 보는 부자에게서 돈을 빼앗아 더 가난한 사람에게 나누어 줌으로써 '사회적 효용'을 증대시킬 수 있다고 말할 수 없는가? 바로 미제스가 효용이 측정될 수 없다는 점을 입증하였기 때문이다. 이로써 국가에 의해 시행되는 평등주의 정책이 옹호될 가능성은 완전히 제거되었다. 그럼에도, 오늘날의 경제학자들은 말로는 개인들 간에 효용이 비교될 수 없다는 생각에 동의하지만, 실질적으로는 '사회적 편익들'과 '사회적 비용들'을 과감하게 비교하고 합산하려고 꾸준히 시도한다.

3

경기변동이론

《화폐와 신용의 이론》은 미제스의 또 다른 거대한 성취, (신비롭고 골치 아픈 경제 현상인) 경기변동에 대한 설명의 기초적 토대를 포함한다. 1700년대 후반부터 이루어진 산업과 선진 시장경제의 발전 이래, 경제현상의 관찰자들은 시장경제가 외관상 끊임없이 반복되는 일련의 '호황'(boom)과 '파국'(bust), 때로는 급격한 인플레이션으로의 고양 혹은 심각한 공황과 침체를 벗어날 수 없다고 기록해왔다. 경제학자들은 여러 가지 설명을 하려고 했으나, 심지어 그들 중 최고의 인물조차도 하나의 근본적인 결함으로 인해 고통을 받고 있었다. 아무도 경기변동에 대한 설명을 경제학체계의 일반 분석에 통합시키려고 하지 않았고 가격과 생산이라는 '미시'이론에 근거하여 설명하려고 하지 않았기 때문이다. 일반적인 경제분석은 시장경제가 완전고용과 예측오류의 최소화를 달성하는 '균형'(equilibrium)을 향하는 경향이 있음을 보여주었기 때문에, 그들은 경기변동을 경제학의 다른 이론과 통합시키는 것이 무리라고 보았다. 그리하여 일련의 호황과 파국이 왜 지속적으로 반복되는지가 미지의 영역으로 남았던 것이다.

미제스는 호황과 파국의 반복이 시장경제 그 자체의 내재적 원인에 의해 발생하는 것이 아니라, 어떤 외부의 간섭에 의해 생겨난다는 설명을 제시하였다. 그는 이전에는 연결성이 없었던 세 가지 요소를 통합함에 따라 그의 위대한 경기변동이론을 수립했다. 첫째는 정부와 은행체제가 습관적으로 화폐와 신용을 팽창시키며 가격이 상승하도록 유도하고(호황), 금을 유출시키며 화폐와 가격들의 지속적인 충돌을 야기한다는 것(파국)을 보여준 리카도주의였다. 미제스는 리카도주의자들의 생각이 예비모델로서는 훌륭하다고 평했지만, 그것 자체로는 호황이 어떻게 생산체계가 고무되도록 깊은 영향을 주고, 왜 호황 이후에는 파국이 불가피한지를 설명하지는 못한다고 보았다. 둘째 요소는 자본과 생산구조에 대한 뵘바베르크의 분석이었다.[7]

마지막 셋째는 스웨덴인 '오스트리아학파' 빅셀(Knut Wicksell)의 두 위대한 증명, 즉 생산체제의 중요성 입증과, '자연'이자율(은행의 신용팽창이라는 간섭이 없는 이자율)과 실제로 은행대출에서 행해지는 이자율 사이의 간격에

---

7) 역주: 뵘바베르크의 자본이론에 따르면, 자본이론을 응용하여 시장경제에서 자본구조의 변화는 기업가들에 의해 행해지고, 기업가들은 다양한 자본재들의 상대적인 가격 변화를 추적하면서 가장 큰 이윤을 챙길 수 있다고 (가장 소비자에게 봉사할 수 있다고) 예상되는 방향으로 자본을 재배치한다. 미제스는 뵘바베르크의 자본론을 응용하여, 정부의 인위적인 경제 간섭정책에 의해 야기된 신용조건의 변화는 자본을 소비자에게 가장 잘 봉사할 수 있는 방향이 아니라 지속 불가능한 성장과 경제위기를 초래하는 방향으로 잘못 배치한다는 점을 증명하였다.

따라 가격에 차이가 난다는 점의 입증이었다.[8]

　중요하지만 흩어져 있었던 이 세 개의 이론들로부터, 미제스는 그의 위대한 경기변동이론을 구축해냈다. 정부와 중앙은행에 의해 고무받아 은행신용과 은행화폐가 팽창하고, 원활하게 기능하고 조화로운 시장경제에 유입된다. 은행들이 화폐(은행권 혹은 예금)의 공급을 팽창시키고 경제에 새로운 화폐를 대출함에 따라 이자율은 '자연' 혹은 시간 선호 비율 아래로, 즉 대중의 자발적인 소비 그리고 투자 비율을 반영한 자유시장 비율 아래로 이자율이 떨어지게 된다. 이자율이 인위적으로 낮추어졌기 때문에, 새로운 화폐를 받아들인 기업가들은, 특히 장기 기획들, 기계류, 산업원료 등등 "멀리 떨어져 있는" 생산공정에 자본투자를 추가하는 식으로 생산구조를 팽창시킨다. 새로운 화폐는 임금을 비롯한 여러 생산비용을 부담하는 데 사용되고 자원들을 초기 자본재 투자 혹은 '높은' 차수에 해당하는 산업에의 투자로 전달한다. 노동자들과 다른 생산자들이 새로운 화폐를 받아들었을 때에는, 그들의 시간 선호가 아직은 변하지 않은 채로 남아있기에 그들은 옛날의 비율대로 화폐를 지출한다. 그러나 이는 대중이 새로운 투자를 감당하기에 충분할 정도로 저축하지 않았다는 것, 그리고 이 확장된 사업과 투자들의 붕괴가 불가피하다는 것을 의

---

8)　역주: 미제스의 강연을 모은 책 《가면이 벗겨진 마르크스주의》(*Marxism Unmasked*, 1952)의 일곱 번째 강연에서, 미제스는 자신이 경기변동이론을 연구하기 전까지 신용팽창의 문제점을 인정한 경제학자는 빅셀밖에 없었다고 말한다. 빅셀은 자신의 1898년 저서 《이자와 가격》(*Interest and Prices*)에서 모든 경제에는 금융제도가 결정하는 은행이자율과, 실제 경제에서 행해지는 저축과 투자가 일치하는 자연이자율이 있고, 이 두 이자율 사이의 충돌이 호황과 파국의 경기변동을 발생시킨다고 주장하였다. 또한 빅셀은 경기변동의 호황단계에서 소비재 생산에 필요한 생산요소가 줄어든다는 점을 지적하며 신용팽창이 생산체제에 미치는 영향력에도 주목하였다.

미한다. 경기후퇴(recession) 혹은 침체(depression)는, 시장이 인플레이션적 호황의 불건전한 '과잉투자'를 청산하고 소비자들이 선호하는 소비/투자 비율로 되돌아가는, 생산체제의 불가피한 재조정이다.

그리하여 미제스는 최초로 일반적인 '미시경제학'분석과 경기변동이론을 통합시켰다. 정부 주도의 은행체제에 의한 화폐의 인플레이션적 팽창은, 자본재 산업에 과잉투자를 창출하고 소비재에는 과소투자를 창출한다. '경기후퇴' 혹은 '침체'는 호황이 야기한 왜곡을 청산하고 소비자들에 봉사하도록 조직된 자유시장 생산체제로 시장이 되돌아가는 필수적 과정이다. 이 조정과정이 완수되면 경기회복(recovery)에 도달한다.

미제스 이론의 정책적 결론은 '케인스주의'이건 '후기 케인스주의'(post-Keynesian)이건 현재 유행하는 대책들과는 정반대이다. 만일 정부와 은행이 신용을 팽창시킨다면, 미제스주의 처방은 (a) 인플레이션을 일으키는 것을 최대한 빨리 중단하고 (b) 필연적인 청산과정이 가능한 신속하고 원활하게 기능하기 위해 경기후퇴의 조정에 간섭하지 말고, 임금률, 가격, 소비 혹은 불건전한 투자를 부양하는 일을 하지 않는 것이다. 만일 경제가 이미 경기후퇴기에 들어섰다고 해도 엄밀하게 말해서 처방은 마찬가지이다.

4

양차 대전
사이의 미제스

《화폐와 신용의 이론》은 청년 미제스로 하여금 유럽 경제학계의 선두 반열에 서도록 만들었다. 다음 해인 1913년 그는 비엔나 대학교의 경제학 교수가 되었다. 그리고 1920년대에서 1930년대 초까지 비엔나 대학교에서 개최된 미제스의 세미나는 유럽 전역에 있는 똑똑한 젊은 경제학자들의 등불이 되었다. 1926년 미제스는 유명한 오스트리아 경기변동연구소(Austrian Institute for Business Cycle Research)를 설립했다. 1928년 그는 그가 발전시킨 경기변동이론인 《화폐가치 안정과 이자정책》을 출판하였다.[9] 그

---

9) 영어로는 베티나 그리브스(Bettina B. Greaves)에 의해 "화폐 안정화와 경기조정정책"(Monetary Stablization and Cycilcal Policy)으로 번역되었고, 퍼시 그리브스(Percy L. Greaves, Jr.)가 편집한 Mises, 《화폐와 신용의 조작에 관하여》(*On the Manipualtion of Money and Credit*, Dobbs Ferry, N.Y.: Free Market Books, 1978)에 포함되었다. Mises, 《경제 위기의 원인: 대공황 전후의 논문들》(*The Causes of the Economics Crisis: And other Essays Before and After the Great Depression*, Auburn, Ala.: Ludwig von Mises Institute, 2006)에도 포함되어 재출판된 바 있다.

러나 이 책의 명성과 비엔나 대학교에서의 그의 세미나의 명성에도 불구하고 미제스의 돋보이는 성취물이었던 《화폐와 신용의 이론》은 경제학 교수진들에 의해서는 실제로 인정받지 못했고 수용되지도 못했다. 이 거부가 상징적으로 보여진 것은 비엔나에서 미제스가 항상 '원외강사'(privatdozent), 즉 대학교에서 그의 위치가 훌륭했음에도 학교로부터 정식으로 보수는 받지 못하는 강사로 머물렀던 사실이다.[10] 그의 수입은 오스트리아 상공회의소에서의 경제 고문역으로 충당되었는데, 그는 1909년부터 그가 오스트리아를 떠날 때인 1934년까지 이 직책을 가지게 된다. 미제스의 성취가 일반적으로 무시된 이유는 그의 책이 영어로 번역되지 못했다는 문제로 포장되고 있었지만, 더 깊게는 경제학 교수진들이 [독일어권의 동맹국과 영어권의 연합국처럼 진영 별로 나뉘는] 제1차 세계대전을 닮아가기 시작했던 과정에 있다. 영국과 미국의 학계와 같이 섬으로 분리된 별세계에서는 영어로 번역되지 않은 어떠한 저작도 아무런 영향을 발휘할 수 없었다. 그리고 비극적이게도 《화폐와 신용의 이론》은, 우리가 보게 되듯이 트렌드를 따라잡기에는 너무나 늦은 시기인, 1934년까지 영어로 발간된 적이 없다. 독일은 신고전학파의 전통을 가져 본 적이 결코 없었다. 오스트리아 자체로만 보자면, 오스트리아학파도 하락세를 겪기 시작했는데, 이를 상징하는 사건이 바로 1914년 뵘바베르크의 죽음과 (제1차 세계대전 이후 활동이 거의 없었던) 1921년 멩거의 죽음이다. 정통 뵘바베르크주의자들은 미제스가 진척시킨 것 그리고 미제스가 오

---

10) 학생들은 미제스에게 약간의 세미나 비용을 지불하였다.

스트리아학파적 분석에 화폐와 경기변동을 통합시킨 행위에 강력히 저항하였다. 그래서 미제스로서는 그 자신의 '신오스트리아학파' 학생들과 추종자들을 새로이 창출하여야만 했다.

언어가 영국과 미국에서 유일한 문제는 아니었다. 신리카도주의자인 마셜(Alfred Marshall)의 방어력있고 위풍당당한 영향 하에서, 영국은 오스트리아학파적 사고에 우호적이었던 적이 없었다. 오스트리아학파주의가 더 견고하게 자리를 잡았던 미국에서도 제1차 세계대전 이후 여러 해 동안 경제이론을 구성하는 수준에서는 비참한 하락세를 보였다. 미국에서 두 명의 지도적인 '오스트리아학파' 경제학자였던 코넬 대학교의 대번포트(Herbert J. Davenport)와 프린스턴 대학교의 페터(Frank A. Fetter) 모두 제1차 세계대전 쯤에는 경제이론에 대한 기여를 하지 못했다. 1920년대의 이 이론적 진공상태 속에서, 불건전하고 결정적으로 비오스트리아학파인 두 명의 경제학자들이 발을 들여놓았다. 양자 모두 '시카고학파'가 형성되는 데 결정적인 영향을 주었는데, 한 사람은 역학적인 수량이론(mechanistic quantity theory)을 견지하고, 가격수준을 올리고 안정화시키기 위해서 화폐와 신용에 대한 정부 조작이 바람직하다는 데 강조점을 둔 예일 대학교의 피셔 교수였고, 다른 한 사람은 가공의 나라인 '완전경쟁'(perfect competition) 모델이 바람직하다는 데 강조점을 두고, 자본분석에서 시간의 중요성을 부정하거나 이자율 결정에서 시간 선호를 부정한 시카고 대학교의 나이트(Frank H. Knight) 교수였다.

더욱이 경제학의 세계뿐만 아니라 현실경제의 세계도 미제스주의적 관점에 점점 더 비우호적으로 변해갔다. 미제스는 그의 대작《화폐와 신용의 이론》을 제1차 세계대전 이전의, 상대적으로 반간섭주의/자유방임주의(laissez-faire)적이고 금본위제를 채택했던 세계가 저물고 있을 때 썼다. 곧바로 전쟁으로 인해 우리가 오늘날 익히 잘 알고 있는 국가주의, 정부계획, 간섭, 정부 불환지폐, 인플레이션과 초인플레이션, 통화파산, 그리고 관세와 외환 통제의 세계가 경제체제에 들어왔다.

미제스는 그를 둘러싸고 있는 암울해지는 경제 세계에 일생동안 고도의 용기와 개인적인 고결함으로 맞섰다. 미제스는 불운하고 재앙처럼 보이는 변화의 바람에 결코 굽히지 않았고, 현실의 정치경제와 경제학계에서의 변화에서도, 진리의 추구와 진리의 응용이라고 간주된 것에서 한 치도 벗어나지 않았다. 미제스에 대한 헌사로, 프랑스 경제학자이자 유명한 금본위제 옹호자인 뤼프(Jacques Rueff)는 미제스의 '열의'에 대해서 언급하고 다음과 같이 정확하게 썼다:

> 지칠 줄 모르는 정열로 그리고 불굴의 용기와 신념으로, 미제스는 잘못된 추론들과 우리 시대의 새 제도들 대부분을 정당화하기 위해 제시된, 진실이 아닌 것들을 공격하였다. 그는 그 제도들이, 비록 사람들의 후생에 기여하기 위해서라는 명목을 말로는 표방하지만, 실제로는 (문자 그대로의 의미에서) 곤경과 고통의 직접적인 원천이며 궁극적으로는 갈등과 전쟁, 노예화의 원인이라는 점을 입증해왔다.

> 어떠한 고려조차도 그를 그의 냉철한 이성이 인도하는 곧고 가파른 길로부터 조금도 벗어나게 할 수 없었다. 우리 시대와 같은

비합리주의 속에서 그는 순수 이성을 가진 사람으로 남아있다.

　미제스의 말을 들어본 적이 있는 사람이라면, 이전에는 인간적인 소심함 때문에 감히 갈 수 없었던 미지의 영역으로, 오직 그의 추론이 가지는 설득력에만 이끌려 가곤 한다는 점에 경악하기도 했다.[11]

---

11)　Jacques Rueff, "미제스의 정열"(The Intrasigence of Ludwig von Mises), Mary Sennholz, ed. 《자유와 자유기업: 미제스 기념 논문집》(On Freedome and Free Enterprise: Essays in Honor of Ludwig von Mises, Princeton, N.J.: D. Van Nostrand, 1956), pp.15-16

5

경제계산문제와
《사회주의》

오스트리아학파 경제학은 항상 암묵적으로 자유시장정책에 호의적이
다. 그러나 1800년대 후반에는 세계가 평화롭고 상대적으로 자유로웠
기 때문에, 오스트리아학파는 자유나 정부간섭에 대한 명시적 분석을 발
전시키는 데 마음을 쓰지 않았다. 반면에 미제스는, 그의 경기변동이론
을 계속 발전시키는 동시에, 가속화되는 국가주의와 사회주의라는 환경
속에서 정부간섭과 계획을 경제학적으로 분석하는 데 강력하게 집중하
는 입장으로 선회했다. 1920년에 저널에 실린 그의 논문 「사회주의체제
에서의 경제 계산」(Economic Calculation in Socialist Commonwealth)[12]은 엄청

---

[12] "Die Wirtschaftsrechnung im sozialistischen Gemeinwesen," *in Archiv fur
Sozialwissenschaften* 47 (1920), pp.86-121. 아들러(S. Adler)가 번역하고 하이에크의 서
문을 포함하여 1935년에 《집단주의 경제계획: 사회주의의 가능성에 대한 비판적 연구》
(*Collectivist Economic Planning: Critical Studies of the Possibilities of Socialism*,
London: G. Routledge & Sons, 1935)의 일부로 출판되었다.

난 충격을 주었다. 그것은 사회주의가 산업경제로서 생존할 수 없는 체제라는 점을 처음으로 입증하였다. 미제스는 사회주의 경제는 자유시장 가격체제를 결여하고 있기 때문에 합리적으로 비용들을 계산할 수도 없고 생산요소들을 가장 필요로 하는 과제에 효율적으로 할당할 수도 없다는 것을 처음으로 보여주었다. 비록 1934년까지는 여전히 영어로 번역되지 못했지만, 미제스의 입증은 유럽 사회주의자들에게 엄청난 충격을 주었다. 그래서 그들은 수십 년간 미제스를 논박하려고 했고, 그리고 작동 가능한 사회주의 계획경제 모델을 수립하려고 했다. 미제스는 그의 통찰을 포괄적인 사회주의 비판서인 《사회주의》(Die Gemeinwirtschaft, Socialism, 1922)[13]에 담았다. 미제스의 치명적인 사회주의 비판이 영어로 번역되기까지는, 미국 경제학계에는 폴란드 사회주의자 랑게(Oskar Lange)가 미제스를 '논파했던' 것으로, 따라서 사회주의자들이 미제스의 논문을 읽으며 고생하는 대신에 편히 쉴 수 있다고 잘못 알려졌다. 제2차 세계대전 이후 러시아와 동구의 점차 산업화되는 경제의 공산주의 경제계획이 실패로 돌아간다는 잘 알려진 사례들은, 미제스의 통찰을 극적으로 확인시켜주었다. 비록 편리하게도 미제스 자신이 이미 그 실패를 입증했었다는 점은 잊혀진 채였지만.

만일 사회주의가 작동할 수 없다면, 그 경우 미제스가 간섭주의라고 이름붙인 시장에 대한 정부간섭이라는 특정한 행동도 작동할 수 없다.

---

13) (Indianapolis: Liberty Press/Liberty Classics, 1981). 《사회주의》의 독일어판은 1922년과 1932년에 출판되었고, 영어판은 카헤인(J. Kahane)이 번역하고 《계획된 혼돈》(Planned Chaos, Jonathan Cape, 1969.)을 1951년에 첨부하여 출판되었다.

《간섭주의 비판》(*Kritik des Interventionismus, A Critique of Interventionism,* 1929)[14]으로 모아져 출판된 1920년대 일련의 논문들 속에서 미제스는 국가주의 경제 조치들을 비판하였다. 만일 사회주의도 간섭주의도 모두 성장이 불가능하다면, 우리는 '반간섭주의'적 자유주의 혹은 자유시장경제를 고수해야 한다. 그리고 미제스는 유명한 책 《자유주의》(*Liberalismus, Liberalism,* 1927)[15]에서 고전적 자유주의의 장점을 분석하는 것으로 확장해 나아갔다. 《자유주의》에서 미제스는 국제평화, 시민적 자유, 그리고 자유시장경제가 밀접한 상호관계를 가지고 있음을 보여주었다.

---

14) 《간섭주의 비판》은 센홀츠가 1977년에 번역하였고 ((New Rochelle, N.Y.: Arlington House, 1977) 미제스 연구소가 1996년에 재출판하였다. 독일어 원문은 1976년에 하이에크의 서문을 더하여 1976년에 재출판. (Wissenschaftliche Buchgesellschaft (Darmstadt, Germany))

15) 《자유주의》는 라이코(Ralph Raico)가 고다드(Arthur Goddard)가 미제스의 검수하에 번역하여 1978년에 출판하였다. (Kansas City: Sheed Andrews and McMeel, 1978) 그 전인 1962년에 《자유롭고 번영하는 사회》(*The Free and Prosperous Commonwealth*)라는 이름으로 출판된 적이 있다. (Princeton, N.J.: D. Van Nostrand)

6   경제학 방법론

이처럼 1920년대에 미제스는 국가주의 그리고 사회주의에 대한 뛰어난 비판자이자 반간섭주의 그리고 자유시장경제의 옹호자가 되었다. 그러나 이 정도로는 대단히 창조적이고 창의력이 풍부했던 그의 정신을 온전히 설명해낼 수 없다. 왜냐하면 미제스는 경제학 그 자체가, 심지어 오스트리아학파 경제학조차도 충분히 체계화되지 못하였고, 경제학 자신만의 방법론적 기초도 완성하지 못했음을 파악했기 때문이다. 더욱이 그는 경제학이 점점 더 새롭고 불건전한 방법론들에 현혹되고 있음을 알게 되었다. 특히 기본적으로 경제학을 아예 송두리째 부정해버리는 '제도주의'(institutionalism), 그리고 그릇되게도 경제학을 자연과학에서와 똑같은 토대 위에 구축하려고 점차 시도하는 '실증주의'(positivism)가 그러했다. 고전학파와 옛 오스트리아학파도 경제학을 고유의 방법론 위에 구축해왔으나, 그들의 방법론이 가진 통찰력은 사실 그저 그런 것이었고 체계적이지 못했다. 그래서 그들은 실증주의나 제도주의의 새로운 공습을 견뎌낼 정도로 충분한 명시적이고도 자명한 방법론을 수립하지 못했다. 미제스는 철학적 기반을 다지고 경제학을 위한 방법론을 담금질하여 오스트리아학파의 방법을 채우고 체계화하였다. 이러한 시도가 《경제학의 인식론적 문제들》(Grundprobleme der Nationalokonomie, Epistemological Problems of Economics, 1933)[16]에서 처음 전개되었다. 제2차 세계대전 후 제도주의는 사라져갔지만 불행하게도 실증주의가 경제학계를 완전히 장악했으며, 미제스는 그의 방법론을 더 발전시켰고 《과학이론과 역사학》(Theory and History, 1957)[17]과 《경제과학의 궁극적 기초》(The Ultimate Foundation of Economic Science, 1962)[18]에서 실증주의를 논파하였다. 미제스에 따르면 실증주의적 방법은 물리학이 돌과 원자를 다루는 방식을 경제학에도 적용하는 것이다. 그는 그러한 방법에 맞서 자연과학과 구별되는 경제학 고유의 방법론을 수립하고자 하였다. 실증주의자들에게, 경제이론의 기능은 인간 행태의 수량적이고 통계적인 패턴을 관찰하는 것이고, 그래서 '예측할 수 있고'(predict) 추가된 통계적 증거에 의해 '검증받아야 하는'(tested) 경제학 법칙을 고안하고자 하였다. 실증주의적 방법은 인간을 마치 무생물인 물리적 대상인 것처럼 다루는, '사회공학자들'(social

---

16) 라이스만(George Reisman)이 번역하여 1960년에 출판하였다. (Princeton, N.J.: D. Van Nostrand, 1960) 2003년에 미제스 연구소에서 재출판하였다.

17) (1957, 1969, 1976; New Rochelle, N.Y.: Arlington House, 1978); 미제스 연구소가 1986년과 2007년에 재출판하였다.

18) Princeton, N.J.: D. Van Nostrand, 1962); second edition 1978 (Kansas City: Sheed Andrews and McMeel).

engineers)에 의해 지배되고 계획되는 경제라는 사상에만 딱 들어맞는 것이다. 미제스가 《경제학의 인식론적 문제들》 서문에서 쓰고 있듯이, 실증주의의 '과학적' 접근법은:

> … 질량과 운동을 연구하는 뉴턴 물리학의 방법에 따라서 인간 존재의 행태를 연구하게 될 것이다. 소위 인간 문제에 대한 '실증적인' 접근법에 토대를 두고, 그들은 미래를 계획하려는 사회의 '경제 총괄관리자'가, 과학기술이 엔지니어로 하여금 무생물을 다루는 것과 같은 방식으로, 살아있는 사람을 다루게 만들 수 있는 '사회공학'이라는 새로운 기술을 발전시키려고 계획한다. (p. v)

미제스는 '인간행동학'(praxeology), 즉 인간행동의 일반이론이라고 부른 그의 대조적인 방법론을 두 가지 원천으로부터 발전시켰다. 하나는 고전학파와 오스트리아학파 경제학자들의 연역적이고, 논리적이고, 개인주의적인 분석이며, 다른 하나는 20세기가 시작될 무렵 리케르트(Heinrich Rickert), 딜타이(Wilhelm Dilthey), 빈델반트(Wilhelm Windelband), 미제스의 친구인 베버(Max Weber) 등 '남서독일학파'(Southwest German School)의 역사철학이다. 본질적으로 미제스의 인간행동학은 그 기초를 행동하는 인간(acting man)에, 즉 수량적으로 결정된 물리적 법칙에 맞추어 '움직이는' 돌이나 원자로서가 아니라 자신이 이루고자 하는 내적인 목적을 가지고 그 목적을 달성하기 위하여 어떤 수단을 활용해야 하는가에 대한 생각을 가지고 있는 개별적인 인간존재에 두었다. 간단히 말해서 미제스는 실증주의자들과는 달리 인간의 의식성이라는 기본적인 사실, 즉 목적을 채택하고 행동으로 그것을 성취하려고 하는 인간의 마음이라는 기본적인 사실을 확인한다. 그러한 행동의 존재는, 인간존재가 반드시 행동한다는 것을 파악함으로써, 또 내적 성찰을 함으로써 발견된다. 인간이 세상에서 행동하기 위하여 그들의 의지를 사용하기 때문에 발현되는 그들의 행태는 수량적인 역사적 '법칙들'로 성문화될 수 없다. 그래서 경제학자들이, 예측을 가능하게 하는 통계적 법칙과 인간행동의 상관관계에 도달하려고 노력하는 것은 헛된 짓이고 잘못 짚은 것이다. 각각의 사건, 각각의 행동은 인간역사에서 서로 다르고 고유한 것이고 자유로이 행동하고 상호작용하는 인격들의 결과이다. 그래서 경제이론의 통계적 예언 혹은 '검증'같은 것은 있을 수 없다.

만일 인간행동학이 인간의 행동들이 수량적 법칙으로 분류되어 정리될 수 없다는 것을 보여준다면, 그 경우 어떻게 과학적 경제학이 존립할 수 있는가? 미제스는 인간행동의 과학으로서 경제과학은 물리학과 같은 실증주의 모델과는 전혀 다른 과학에 속한다고 대답했다. 왜냐하면 고전학파 그리고 오스트리아학파 경제학자들이 보여주었듯이, 경제학은 진리이고 자명한 극소수의 공리들(axioms), 즉 인간행동의 본성(nature) 그리고 본질(essense)에 대한 성찰을 통해 도달한 공리들 위에 기반하여 전개되는 학문이기 때문이다. 이 공리들로부터 우리는 그 공리들이 논리적으로 함축하는 의미들, 즉 진실된 경제학을 연역할 수 있다. 예컨대 인간행동 그 자체에 존재하는 기초적인 공리는, 개인들이 목적을 가지고 있다는 것, 그 목적을 달성하기 위해 행동한다는 것, 반드시 시간의 흐름 속에서 행동한다는 것, 서수적 선호척도를 채택한다는 것 등등이다.

비록 제2차 세계대전 이후까지 번역되지 못했지만, 방법론에 대한 미제스의 생각은 당시 그의 학생이자 추종자인 영국의 젊은 경제학자 로빈스(Lionel Robbins)에 의해 대단히 묽게 희석된 형태로 영어권 세계에 소개되었다. 로빈스는 《과학으로서의 경제학이 지닌 속성과 중요성》(*Essay on the Nature and Significance of Economic Science, 1932*)[19]에서 미제스에게 '특별한 빚'을 졌다는 점을 인정했는데, 이 책은 여러 해동안 영국과 미국에서 경제학의 방법론에 관한 걸출한 저작으로 받아들여졌다. 그러나 로빈스는 이 책에서 경제학이 본질적으로 여러 대안적인 목적들 사이에서 희소한 수단의 분배에 대한 학문이라고 강조했는데, 이는 인간행동학의 너무나 단순화되고 희석된 형태였다. 로빈스의 생각은 연역적 방법의 본성에 대한, 그리고 경제이론과 인간역사의 본성 간의 차이점에 대한, 미제스의 심오한 통찰력을 빠뜨리고 있었다. 그 결과, 또 그와 함께 방법론에 대한 미제스 자신의 저작이 번역되지 못했다는 것 때문에, 로빈스의 저작으로는 점증하는 실증주의의 파고를 막기에 역부족이었다.

---

19) (London: Macmillan, 1932).

7 　　　　　　　　　　　《인간행동》

　　경제과학의 정확한 방법론을 만들어내는 것은 굉장히 중요하였지만, 그 기반 위에서, 즉 그 방법론을 사용하여 경제분석의 전체로서의 경제학을 실제로 구축하는 것은 또 다른 임무이자, 훨씬 중요한 과제였다. 한 사람이 이 두 가지 과제, 즉 방법론을 만들어내고, 그 방법론적 기반 위에서 경제학의 완전한 체계를 발전시킨다는 거대한 임무를 모두 이뤄낼 것이라 기대하는 것이 보통은 불가능하다. 미제스의 저작과 성취에 대한 여러 기록을 쭉 본다면, 이 극도로 어렵고 험난한 과제를 미제스 자신이 완수할 수 있으리라고 기대하는 것은 놀라운 일이 아닐 수 없다. 하지만, 그의 모든 이상과 방법 그리고 원리들을 세상과 학계가 내팽개친 가운데 파시스트가 장악한 오스트리아를 피해 스위스 제네바에서 망명생활을 하게 되자, 심지어 그의 모든 추종자에게마저 사실상 버림받아 고립되고 외톨이가 된 상황에서도, 미제스는 그 엄청난 일을 스스로 해내었다. 1940년 미제스는 그의 최고봉이자 기념비적 성취물인 《경제학》 (Nationalokonomie)을 독일어로 발간하였으나, 전쟁으로 찢겨진 유럽의 관심사로부터 곧바로 잊혀졌다. 천만다행으로 《경제학》이 1949년에 《인간행동》(Human Action)[20]이라는 이름의 증보 영역판으로 나왔다. 미제스가 《인간행동》의 출판 계약을 할 수 있었다는 것만 해도 특기할 만한 성취였다. 그처럼 극도로 비우호적인 환경 하에서 출판을 할 수 있었다는 점 때문에 그의 성취가 더욱 고무적인 것이고 놀랄 만한 것이다.

《인간행동》은 전체가 건전한 인간행동학적 공리로부터 발전되었고 (현실세계에서 행동하는 목적의식적인 개인인) 행동하는 사람의 분석에 당당히 기초한 경제학이다. 그것은 존재하는 인간행동의 논리적 함의로부터 자아낸 것으로, 연역적 학문으로서 발전된 경제학이다. 그 책이 출판되자마자 읽을 특전을 가졌던 필자에게 《인간행동》은 내 인생과 사상의 경로를 바꾼 성취물이었다. 왜냐하면 우리 중 일부가 꿈꾸었지만 전혀 생각해내지 못했던 경제사상의 체계가, 즉 마땅히 있어야 했지만 존재하지 못했던, 하나의 통일체로서의 합리적인 경제과학이 이 책을 통해 마침내 달성될 수 있었기 때문이다. 《인간행동》에 의해 [제대로 된] 경제학이 제시되었다.

미제스의 업적이 대단하다는 것은, 《인간행동》이 제1차 세계대전 이래 오스트리아학파의 전통 속에서 쓰여진 경제학에 관한 최초의 전반적인 이론서였다는 데만 기인하는 것이 아니다. 《인간행동》은 사실상 모든 경제학 전통에 있어서 최초의 전반적 이론서이기도 하였다. 왜냐하면 제1

---

20) (New Haven, Conn.: Yale University Press, 1949, 1963); 개정판인 제3판은 (Chicago: Henry Regnery, 1966); 학술판은 미제스 연구소에서 1998년과 2008년에 출판하였다.

차 세계대전 이후 경제학은 점차 통합되지 않은 분석의 조각들로 파편화되고 분열되었기 때문이다. 즉, 전쟁 전의 페터, 클라크, 타우시그(Frank Taussig), 그리고 뵘바베르크 같은 걸출한 사람들의 이전 저작들 이래로 경제학자들은 그들의 학문을 일관성있고 연역적인 체계적 전체로서 제시하지 못했다. 그리고 오늘날에도, 경제학 분야의 전반적 그림을 제시하려고 노력하는 유일한 저자들은 경제학 입문서의 저자들인데, 그들도 일관성의 결여로 인해 주류 경제학이 도달한 불행한 상태를 적나라하게 보여줄 뿐이다. 그러나, 《인간행동》은 일관성의 결여라는 수렁에서 경제학이 헤쳐 나올 길을 가리키고 있다.

경제학의 위대한 집대성인 《인간행동》이 이룩한 많은 상세한 기여를 설명해보고자 한다. [역자 문단 바꿈]

[첫째] 이자의 기초로서의 시간 선호에 대한 뵘바베르크의 발견과 강조에도 불구하고, 그 기반 위에서 뵘바베르크 자신은 그의 이론을 완전하게 구축하지 못했으며, 선호 문제를 혼란스럽게 남겨놓았다. 페터는 이러한 문제를 개선하고 세련되게 가공하였는데, 1920년대에 저술한 유명하지만 무시된 저작에서, 페터는 이자에 대한 순수한 시간 선호설명을 입증하였다. 경제학에 대한 페터의 전망은, 본질적으로 소비자 효용과 수요가 소비재 가격을 정한다는 것이었고, 개별 요소들은 자신의 한계생산성을 스스로 창출한다는 것, 그리고 이 모든 수확이 이자율 혹은 이시간 선호율에 의해 할인(discounted)되며, 신용공여자 혹은 자본가가 이 할인을 가져간다는 것이었다. 미제스는 잊혀졌던 페터의 업적을 부활시켰고, 시간 선호가 인간행동에 반드시 있는 인간행동학적 범주임을 훨씬

폭넓게 보여주었고, 페터의 이자이론을 뵘바베르크의 자본이론, 그리고 미제스 자신의 경기변동이론과 통합시켰다

[둘째] 미제스는 또한 경제학에서 현재 유행하고 있는 수학적 통계적 방법에 대해서, 즉 스위스의 신고전학파 발라으로부터 기인하여, 경제이론에서 언어적 그리고 구두적 논리를 추방했던 그 방법론에 대하여, 몹시 필요했던 비판을 제공한다. 고전학파 경제학 그리고 오스트리아학파 (그들 중 다수도 수학으로 철저히 훈련되었다)의 명백히 수학에 반대하는 전통을 이어받아, 미제스는 수학적 방정식은 시간이 존재하지 않고, 정태적이고, 따라서 절대로 존재할 수 없는 '일반 균형'(general equilibrium)의 세계에서만 유용한 것임을 지적하였다. 그러한 가공의 열반(nirvana)에서 벗어난다면, 그리하여 시간이 존재하고, 기대가 존재하고, 희망과 실수가 존재하는 현실세계에서 행동하는 개인들을 분석하게 된다면, 그 때 수학은 쓸모없을 뿐만 아니라 대단히 그릇되었다는 사실이 드러난다. 미제스는 경제학에서 수학의 사용 자체가 인간을 돌처럼 다루는 실증주의적 오류의 일부이며, 그에 따라 인간의 행동을 마치 물리학에서처럼 공중을 날아가는 미사일의 경로를 구상하는 수학적 정밀성으로 도해할 수 있다는 믿음에 기초한다는 것을 보여주었다. 하지만 개인으로서의 행위자는 오로지 [개인의 입장에서 평가할 수 있는] 실질적인 차이점만을 보고 추정할 수 있기 때문에 [개인이 평가할 수 없는] 무한히 작은 양적 변화를 가정하는 미분계산의 사용이 인간행동의 과학에서는 대단히 부적절한 것이다.

수학 '함수'의 사용은 시장에서의 모든 사건이 '상호결정된다는

것'(mutually determined)을 또한 의미한다. 왜냐하면, 수학에서는 만일 x가 y의 함수이면 그러면 그 말과 동일한 의미에서 y는 x의 함수이기 때문이다. 이런 종류의 '상호적 결정' 방법론은, 아마도 고유한 인과적 행위자가 존재하지 않는 물리학의 영역에서는 완전히 정당할 것이다. 그러나 인간행동의 영역에서는 인과적 행위자가 있는데, 개인들의 목적의식적인 행동이 단 하나의 원인이다. 따라서, 오스트리아학파는 예컨대 소비자의 수요로부터 생산의 가격요소에게로 영향을 줄 수 있을지언정 결코 그 역은 있을 수 없다는 점을 보여준다.

통계학적 사건을 수학과 통합하려고 시도하는, 마찬가지로 유행되고 있는 '계량경제학'의 방법은 이중의 오류를 저지를 뿐이다. 왜냐하면 예측을 가능하게 하는 법칙에 도달하기 위해서 통계를 사용하는 것은, 개인의 행동을 분석하는 데 있어, 확인가능한 상수들 또는 불변의 수량적 법칙을 발견할 수 있다고 마치 물리학처럼 가정하는 것이기 때문이다. 하지만 미제스가 강조하듯이, 아무도 인간행동에서 단일한 수량적 상수를 발견했던 적이 없고, 각각의 개인에게 내재한 의지의 자유라는 조건을 고려한다면 앞으로도 아무도 발견할 것 같지는 않다.[21]

---

21)   역주: 사회과학과 자연과학의 방법론적 이원주의와 방법론적 개인주의를 채택한 미제스는, 비록 자연과학의 영역에서는 결정론이 옳을지라도 사회과학과 인간과학에서는 목적론이 옳고 자유의지를 마땅히 전제할 수 있다고 바라보았다. 인간이 실제로 형이상학적 의미에서 자유의지를 가지고 있는지 없는지와 무관하게, 방법론적 개인주의의 입장에서 본다면 일상적인 인간의 선택은 의식적이고 의도적이다. 자연과학에서는 결정론이 타당하더라도, 사회과학에서는 자유의지론이 가능하고 또 옳은 것이라는 논증은, 이 책의 저자인 라스바드가 쓴 에세이 "과학의 역할"(The Mantle of Science)를 참고하라. 이 에세이는 미국 미제스 연구소 홈페이지에서 무료로 열람할 수 있다.

이 오류에 열광하며 '과학적인' 경제예측을 열망하는 사람들도 생겨났지만, 미제스는 이 오래된, 그러나 믿을 수 없을 정도로 허망한 열망이 가진 근본적인 오류를 신랄하게 보여주었다. 슈퍼컴퓨터와 복잡한 계량경제학 '모델들'을 사용함에도 불구하고, 지난 수년간 계량경제학적 예측이 보여준 실망스러운 기록은 미제스가 제시해왔던 여러 가지 통찰들의 하나를 확인해주는 것일 뿐이다.

양차대전 사이의 시기에, 비극적이게도 미제스의 방법론과는 별개로 경기변동이라는 그의 경제학의 한 측면만이 영어권 세계로 분리된 채 영어권 세계로 유입되었다. 1920년대 '새로운 시대'(New Era)에 피셔를 포함한 대부분의 경제학자들은 정부의 중앙은행 조작이 번영할 미래를 보증한다고 막연하게 선언하고 있었는데, 미제스는 그의 경기변동이론에 기초하여 침체를 예측했던 바가 있다. 대공황이 닥치자, 특히 영국에서, 미제스의 경기변동이론에 생생한 관심을 보이기 시작했다. 이 관심은 미제스의 걸출한 추종자인 하이에크(F.A. Hayek)의 런던 정치경제 대학교(이하 런던 정경대)로의 이주에 의해서 더 촉발되었다. 미제스의 경기변동이론에 대해 하이에크 자신이 발전시켰던 것은 1930년대에 영어로 신속하게 번역되었다. 이 기간 중에 런던 정경대에서의 하이에크의 세미나는 힉스(John R. Hicks), 러너(Abba P. Lerner), 라흐만(Ludwig M. Lachmann), 칼도어(Nicholas Kaldor) 등을 포함한 많은 오스트리아학파 경기변동이론가를 만들어냈다. 그리고 로빈스와 벤햄(Frederic Benham)과 같은 미제스의 영어권 추종자들은 영국에서 대공황에 대한 미제스주의적 설명을 출판하였다. 마흐루프(Fritz Machlup)와 하벌러(Gottfried von Haberler) 같은 미제스의 오스트리아학파 학생들의 저작들이 번역되기 시작했고 마침내 로빈스가 1934년에 미제스의 《화폐와 신용의 이론》의 영어 번역을 감수하였다. 미제스는 침체에 대한 그의 분석을 《경제위기의 원인》(*Die Ursachen der Wirtschaftskrise, The Causes of the Economic Crisis*, 1931)[22]에 담아 출판했다. 그리하여 1930년대 전반기에는 마치 미제스의 경기변동이론이 시대를 휩쓰는 것 같았고, 또 만일 그랬다면 미제스주의 경제학의 나머지도 그리 뒷전에 있지 않을 수 있었을 것이다.

미국은 오스트리아학파 이론을 채택하는 데 더뎠다. 그러나 영국 경제학이 미국에서 가지는 거대한 영향력을 감안한다면 미제스의 경기변동이론이 이 나라에서도 마찬가지로 퍼질 것이 확실했다. 하벌러가 미국에서 미제스-하이에크 경기변동이론의 첫 요약본을 내었다.[23] 그리고 떠오르는 경제학자인 한센(Alvin Hansen)이 오스트리아학파의 학설을 채택하는 쪽으로 전향하였다. 경기변동이론 외에도 하이에크, 마흐루프, 그리고 젊은 경제학자 불딩(Kenneth Boulding)이 미국 저널에 실리는 일련의 유명한 글들에 오스트리아학파의 자본과 이자이론을 부활시켰다.

점차적으로 미래에 다가올 파고가 오스트리아학파 경제학일 것처럼

---

22) 베티나 그리브스가 번역하여 《화폐와 신용의 조작에 관하여》의 일부로 출판되었다. 2006년에 미제스 연구소가 《경제위기의 원인》이라는 이름으로 재출판하였다.

23) 이것은 여전히 미제스주의 변동분석에 대한 가장 훌륭한 개요중 하나이다. 《오스트리아학파의 경기변동이론》(*The Austrian Theory of the Trade Cycle and Other Essays*, New York: Center for Libertarian Studies, September 1978)에 출판된 하벌러의 "화폐와 경기변동"(Money and the Business Cycle)을 보라. 1996년과 2003년에 미제스 연구소가 재출판하였다. [역주: 이 책의 한국어 번역본도 판매되고 있다.]

보였다. 그리고 미제스는 오랫동안 그럴만한 자격을 갖추었지만 아직 받아내지 못했던 인정을 마침내 받을 것처럼 보였다. 그러나 승리의 순간, 유명한 케인스주의 혁명(Keynesian Revolution)이 비극적으로 들이닥쳤다. 케인스(John Maynard Keynes)의 《고용, 이자, 그리고 화폐에 관한 일반이론》(General Theory of Employment, Interest and Money, 1936)이 출판되면서, 인플레이션과 정부의 적자재정에 대한 혼란스럽고 미완성인, 케인스의 새로운 정당화 그리고 합리화가 요원의 불길처럼 경제학계를 휩쓸었다. 케인스 이전까지의 경제학은, 비록 인기는 없었지만 인플레이션과 재정적 자지출을 막는 방파제를 만들어왔다. 하지만 이제는 케인스와 함께, 그리고 그의 암울하고 모호하고 수학 비슷한 헛소리로 무장한 채, 경제학자들은 자신들의 영향력과 권력을 확장하려고 노심초사하는 정치인 그리고 정부와 동맹을 맺는 쪽으로 달려갈 수 있게 되었다. 케인스주의 경제학은 현대적 복지-전쟁 국가(Welfare-Warfare State)를 위한 지적 갑옷으로, 그리고 광범위하고 강력한 규모의 간섭주의와 국가주의를 위한 지적 갑옷으로 아름답게 재봉되었다. 사회과학의 역사에서 흔히 일어나듯이, 케인스주의자들은 미제스주의 이론에 의해 논파당할 걱정을 할 필요가 없었다. 미제스주의 이론은 간단하게 잊혔는데, 그것이 케인스주의 '혁명'이라고 이름이 잘 붙여진 것의 돌격에 휩쓸려갔기 때문이다. 다른 오스트리아학파 경제학뿐만 아니라 미제스의 경기변동이론도 조지 오웰적인 '기억을 먹는 구멍'(memory hole)에 들이부어졌고, 그 시점 이래 경제학자들에게도, 세계에서도 실종되어버렸다. 아마도 이 대중적 망각의 가장 비극적인 현상 하나는 미제스의 유능한 추종자들의 변절일 것이다. 즉,

미제스의 추종자였다가 곧바로 미국의 주도적인 케인스주의자가 된 한센을 비롯하여, 하이에크의 영국 학생들은 물론, 망해가던 오스트리아를 신속하게 떠나서 미국 학계의 높은 위치에 자리잡은, 미제스를 잘 아는 그의 오스트리아 동료들도, 오스트리아학파를 떠나 케인스주의의 온건한 쪽으로 쇄도하였다. 미제스의 통찰이 잠시 반짝거렸던 1920년대와 1930년대 이후에는, 오로지 하이에크와 그리 알려지지 못했던 라흐만 단 두 명만이 진실되고 오염되지 않은 채 남아있었다. 바로 이러한 고립 가운데서, 즉 인정받을 자격이 있을 만큼 드높았던 [경기변동이론의 확산과 간섭주의의 종식이라는] 미제스의 희망이 산산조각 깨져버린 가운데서, 미제스는 《인간행동》이라는 위대한 구조물을 완수하려고 애썼던 것이었다.

8   미국에서의 미제스

   미제스는 [나치의 침공으로] 고국 오스트리아에서 박해받자 저명한 유럽 망명객 중 하나가 되었다. 처음에 제네바로 가서 그곳의 국제문제대학원에서 1934년부터 1940년까지 교편을 잡았다. 미제스는 1938년 제네바에서 사랑스러운 마르기트(Margit Sereny-Herzfeld)와 결혼하였다. 1940년에는 미국으로 건너왔다.[24] 그러나 수많은 사회주의자 그리고 공산주의자 유럽 망명객들은 미국의 학계에서 환영을 받았지만, 그리고 전에 미제스를 추종했던 사람들도 학계에서 고위직을 차지했지만, 미제스 자신만은 무시받고 잊혀졌다. 미제스는 정치철학에서는 물론이고, 경제적 방법론에서도 개인주의에 대해 억누를 수 없이 비타협적으로 고수했기 때문에, 스스로 "어떤 구속도 받지 않고 진실을 추구한다"고 자부하던 학

---

24)   Mises, 《기록과 회상》(*Notes and Recollection*, Grove City, Penn.: Libertarian Press, 1978)을 보라.

계에서조차 미제스는 배제되었다. 하지만 뉴욕에서 볼커 재단(William Volker Fund)의 지원을 바탕으로 생활을 하면서, 미제스는 1944년에 두 개의 특기할 만한 저작을 영어로 출판하였다: 《전능한 정부》(Omnipotent Government)[25]와 《관료제》(Bureaucracy)[26]가 그것이다. 《전능한 정부》는 당시 유행하고 있던 마르크스주의가 나치정권을 '자본주의의 최고단계'로 분석했지만 이것이 사실이 아니며, 대신에 민족사회주의(나치)가 전체주의적 사회주의의 한 형태라는 것을 보여주었다. 《관료제》는 기업가적 경영과 관료제적 경영 사이의 가장 중요한 차이점에 대한 결정적으로 중요한 분석을 제시했고, 관료제의 심상치 않은 비효율성은 정부활동에 내재적인 것이기에 어떤 정부활동에서도 분리될 수 없음을 보여주었다.

미제스가 봉급을 받는 대학교 전업 교수직을 얻지 못한 것은 미국 학계의 용서받지 못할 부끄러운 오점이다. 1945년부터 미제스는 뉴욕 대학교의 경영대학원 방문교수(visiting professor)였을 뿐이었다. 위풍당당한 학계의 중심으로부터 떨어진 채, 대학 당국에서 이류로 천대받았을 뿐 아니라, 시류에 편승할 줄은 알았지만 포괄적이지 못한 회계 그리고 기업재무 분야의 전공자들에게 둘러싸여 생활해야 했던 이러한 악조건 속에서, 미제스는 한때 유명했던 자신의 주례 세미나를 다시 시작했다. 비극적이게도, [학위 지도과정이 아닌] 이러한 환경 속에서는 미제스가 학계

---

25) (New Haven, Conn.: Yale University Press, 1944); 1985년 재출판 (Grove City, Penn.: Libertarian Press).

26) (New Haven, Conn.: Yale University Press, 1944); 1983년 재출판 (Grove City, Penn.: Libertarian Press)

에서 영향력 있는 젊은 경제학자들을 배출할 희망을 가질 수 없었다. 그는 비엔나에서의 세미나와 같은 번뜩이는 성공을 다시 만들어낼 희망을 가질 수 없었다.

이러한 슬프고 불행한 조건에도 불구하고, 미제스는 자부심을 가지고 불평 하나 없이 그의 세미나를 수행했다. 미제스가 뉴욕 대학교에 재직하던 시절에 그를 알게되었던 우리같은 사람들은 그의 입에서 한 마디 빈정대는 말이나 화내는 말이 새어나오는 것을 들어본 적이 없다. 지침없이 신사적이고 친절하게, 미제스는 그의 학생들에게서 어떠한 것이건 불씨가 있기만 하다면 그것을 가능한 한 격려하고 자극하려고 하였다. 매주 연구 기획제안이 그로부터 밀물처럼 쏟아져 나왔다. 미제스가 행한 모든 강의는, 통찰력이 풍부한 그리고 그의 경제학적 비전의 전체적인 골격을 제시한, 조심스레 가공된 보석이었다. 조용히 그리고 경외심에 휩싸인 채 앉아있는 학생들에게 미제스는, 독특하게 유머러스한 눈빛으로, "발표하는 것을 겁내지마. 이 주제에 대해서 여러분이 무엇을 발표하건, 또 그것이 비록 틀렸다고 해도, 여러분이 기억해두어야 할 것은 대단하다고 하는 일부 경제학자들도 이미 똑같이 그렇게 말했던 적이 있다는 점이야."라고 말하곤 했다.

미제스가 처했던 궁벽한 상황(cul de sac)에도 불구하고 작은 한 줌밖에 안되는 대학원생들이 그 세미나로부터 배출되어 오스트리아학파의 전통을 이었다. 그리고 더욱이 그 세미나는 뉴욕 지역 전체에서 매주 미제스의 세미나를 수강하려고 모여든 미등록 학생들에게도 등대로 작용했다. 세미나를 마치고 지역 레스토랑으로의 자리를 이동해 뒷풀이를 하는 것도 유명했던 미제스 모임(Mises-kreis)이 비엔나 카페에서 개최되곤 했던 때를 최소한 희미하게나마 연상시키는 적지 않은 기쁨이었다. 미제스는 매혹적인 일화들과 통찰들을 끊임없이 쏟아 부었다. 우리는 이 일화들 속에서 그리고 미제스의 끼와 인간성 속에서 훨씬 더 고상하고 더 매력적인 때였던 옛 비엔나시절이 재현되고 있음을 보았다. 뉴욕 대학교에서 그의 세미나에 참석할 수 있는 특전을 얻은 우리들은, 미제스가 왜 단지 위대한 경제학자일 뿐 아니라 위대한 스승(teacher)이었는지도 잘 이해할 수 있었다.

그 때 그가 처했던 상황에도 불구하고, 미제스는 자유, 반간섭주의 그리고 오스트리아학파 경제학에 우호적이지 않은 세계 속에서 그것들의 외로운 등대 불빛으로서 봉사할 수 있었다. 우리가 이미 보아왔듯이, 미제스의 엄청난 생산성은 미국이라는 신세계에서도 계속 시들지 않았다. 그리고 다행히도 미국에는 미제스의 고전적 저작을 번역해내고 그가 계속 저술하는 저작들을 출판하고자 했던 충분한 수의 호의를 가진 사람들이 있었다. 미제스는 미국에서 우리 모두를 안내하고 영원한 영감을 부여한, 전후 리버테리언 운동의 초점이자 중심이었다. 학계에서의 무시에도 불구하고 미제스의 책은 오늘날 사실상 모두 출판되었고, 점차 많은 숫자의 학생들과 추종자들이 그 책들을 소장하게 되었다. 그리고 심지어 저항하던 경제학계에서조차, 지난 여러 해 동안 오스트리아학파와 미제스주의 전통을 환영하는 대학원 학생들과 젊은 교수들의 숫자가 점증하였다.

미국에서뿐만이 아니다. 충분하게 잘 알려지지는 않았지만, 서유럽에서도 미제스는 자신의 예전 학생들과 동료들을 통하여 제2차 세계대전 이후 유럽이 집단주의로부터 회군하고 최소한 부분적이나마 시장경제를 향하게 한 점에서 지도적인 역할을 하였다. 서독에서는 미제스의 비엔나 시절 학생이었던 뢰프케(Wilhelm Ropke)가 독일이 집단주의에서 상대적으로 자유로운 시장경제로 전환하는 데 주요 지적 자극제로 활약하였다. 이탈리아에서는 자유시장경제분야에서 역전의 용사로서 미제스의 동지였던 에이나우디(Luigi Einaudi) 대통령이 나라를 전후의 사회주의로부터 떼어내는 데 지도적 역할을 하였다. 그리고 프랑스에서는 미제스 추종자이자 드골 장군의 주요 경제고문이었던 뤼프가 사실상 혼자 힘으로 프랑스가 금본위제로 돌아오게끔 하는 투쟁을 용감하게 해냈다.

마지막으로 찬사를 드릴만한 것은 미제스가 뉴욕 대학교에서 1969년 봄까지 쉼없이 매주 그의 세미나를 계속 수행했다는 점이야 말로 미제스가 억누를 수 없는 정신의 소유자임을 보여준 사례라는 것이다. 의심할 바 없이 미국에서 활동하는 교수 중 최고령으로 그가 은퇴했던 그때 그의 나이 87세였는데, 그 나이에도 그는 활기차고 정력이 넘쳤다.

9   **탈출구**

사실상 미제스가 일생 내내 겪었던 그의 사상과 업적의 고립이, 급속하게 종결되는 듯한 희망적인 신호가 점차 늘어나고 있다. 왜냐하면 최근 사회과학과 정치학에서는 잘못된 전향이 가진 내적 모순과 재앙적 결과들이 점차 분명해지고 있기 때문이다.[27] [이 글이 쓰여진 1970년대 초] 동유럽에서는 공산주의 정부들이 자신의 경제를 계획할 능력이 없음이 알려짐으로써 자유시장을 향한 움직임이 늘어나고 있다. 미국과 서구세계에서는 케인스주의와 인플레이션주의자가 팔았던 만병통치약이 본질적 파산을 드러내는 중이다. '후기 케인스주의'적인 미국정부는, 경기후퇴 동안에조차도 지속되는, 그럼으로써 전통적 경제학의 지혜를 조롱하

---

27) 미제스가 널리 거부당하고 무시당했던 데 대한 철학적 해석에 대해서는 Murray N. Rothbar,d "미제스와 우리 시대의 패러다임"(Ludwig von Mises and the Paradigm for Our Age), 《현대》(*Modern Age*) (1971년 가을호), pp.370-379를 보라.

는, 마치 영원할 것처럼 보이는 인플레이션[스태그플레이션]을 통제하기 위해서 헛된 안간힘을 쓰고 있다. 케인스주의 이론의 명백한 결함과 함께, 케인스주의 정책의 파산은 케인스주의의 전체 체계를 점차 불안하게 만드는 원인으로 작용하고 있다. 정부지출과 관료제 통치의 눈부신 낭비는, 정부가 생산적 일에 자원을 쓰든 혹은 피라미드같이 쓸데없는 일에 쓰든, [혹은 전쟁을 일으키는 데 쓰든, 유효수요만 일으킬 수 있다면] 전혀 문제가 되지 않는다는 케인스의 유명한 격언을 현란하게 조명해준다. 국제통화질서의 무력한 파산으로 인해, 전 세계의 케인스주의 정부들은, 불환지폐들에 대한 변동환율제나, 혹은 대외무역과 해외투자까지 불구로 만드는 외환통제에 의해 지탱되는 고정환율제와 같은, 만족스럽지 못한 해결책 사이를 오가며, 하나 이상의 위기를 다른 종류의 위기로 바꾸고 있다.

이론에서도 현실에서도, 국가주의와 간섭주의라는 더 큰 틀 안에 있는 케인스주의에 위기가 온 것으로 보인다. 미국에서는 국가주의적인 현대 '리버럴리즘'이, 그것이 스스로 만들어냈던 위기, 즉 민족국가 진영들 사이의 군사적 갈등에, 공교육의 재정적-교육적-인사적-구조적 갈등에, 그리고 영원해보이는 인플레이션과 심각한 몰수형 세금부과에 맞서 점증하는 대중적 저항사이의 충돌에 결코 대처할 수 없음이 명백해졌다. 현대의 복지지향적 전쟁지향적 국가가 추구하는 복지와 전쟁 모두 도전을 받는 경우가 늘고 있다. 이론의 영역에서, '과학적' 기술관료 엘리트들이 우리를 자신들의 사회공학의 원료처럼 다스려야 한다는 사상에 대해 반기를 드는 일도 점증하고 있다. 그리고 정부가 [경기부양책을 통해서] 미개발국이건 선진국이건 경제를 인위적으로 또 억지로 밀어붙여 '성장'시킬 수 있고, 그래야 한다는 사상에 대한 공격도 가속화되고 있다.

간단히 말해서 사상과 행동의 영역들 모두에서, 미제스가 일생을 걸고 싸워왔던 현대 국가주의가 비판받고 각성의 포화를 받고 있다. 사람들은 더 이상 온순하게 자칭 '주권자'인 지배자들의 법령이나 명령에 복종하려고 하지 않는다. 그러나 문제는, 세계가 실행가능하고 일관된 대안을 제대로 찾기 전에는 국가주의의 독소로부터 싸워 탈출할 수 없다는 점이다. 미제스가 그 대안을 제시했다는 점을, 즉, 현대 세계를 강타해왔던 위기와 딜레마로부터의 탈출구를 미제스가 이미 제시했다는 점을 우리는 아직 충분히 인식하지 못하고 있다. 92년이라는 대단히 긴 전 생애에 걸쳐, 미제스는 우리가 현재 마주하고 있는 각성의 근거를 예측해왔고, 제시해왔으며, 우리가 따를 건설적인 대안적 길을 개척해왔다. 점점 더 많은 사람이 그 길을 발견하고 환영하고 있다는 점은 결코 신기한 일이 아니다.

《자유주의》의 영역판 서문(1962)에서 미제스는 다음과 같이 썼다:

> 35년 전, 내가 한때 자유주의라는 이름으로 알려졌던 사회철학의 사상과 원리의 요점을 제시하려고 하였을 때, 나는 유럽의 민족들이 채택했던 정책이 명백하게 이끌고 갈 임박한 재앙에 대해 내가 한 설명이 막을 수 있다는 부질없는 희망에 빠졌던 것이 아니었다. 내가 이루길 원했던 것은, 소수의 사려깊은 사람들에게 고전적 자유주의의 지향점에 대해서 알려줄 기회를 제공하는 것

이었고, 그럼으로써 다가오는 붕괴 이후 자유의 정신을 부활시킬 길을 닦아주려는 것이 전부였다.[28]

뤼프는 미제스에 대한 헌사에서 다음과 같이 말하였다:

> … 미제스는 합리적인 경제과학의 기초를 방어해냈다. … 그의 가르침을 통해서, 그는 인간이 귀를 즐겁게 하는 이론이 아니라 불편한 진실을 말해주는 이론을 선호하기 시작하는 순간 결실을 맺게 될, 부활의 씨앗을 뿌려왔다. 그날이 오면, 모든 경제학자는 미제스가 그들의 경탄과 감사를 받을 만한 자격이 있다는 점을 깨닫게 될 것이다.[29]

국가주의의 붕괴와 파산이 정말로 진실의 재생으로 이어질 것이라는 신호, 미제스가 다가가길 희망했던 사려 깊은 그 소수가 급속히 늘어나고 있다는 신호가 증가하고 있다. 만일 우리가 자유의 정신이 부활하는 실마리를 잡을 수 있다면, 그 자유의 재탄생이야말로 고귀하고 위대했던 미제스라는 사람의 삶과 사유를 기념하는 금자탑이 될 것이다.

---

28) Mises, 《자유롭고 번영하는 사회》 pp.vi-vii.

29) Jacques Rueff, "미제스의 정열"은 Mary Sennholz, ed., 《자유와 자유기업》 p.16에 수록되었다.

제2부

미제스:
학자, 창조자, 영웅

이 글의 목적은 우리 세기의 위대한 창조적 정신 중 한 사람의 삶과 업적을 논하고 기념하는 것이다. 루트비히 폰 미제스는 1881년 9월 29일 오스트리아-헝가리 제국의 갈리치아에 있는 렘베르크에서 태어났다. 그의 아버지 아르투어 에들러 폰 미제스는 비엔나 출신의 건설 공학자였는데, 당시 렘베르크에 자리잡고 있던 오스트리아 철도를 위해 근무하였다. 어머니인 아델 란다우(Adele Landau) 역시 비엔나의 명문가 출신이었다: 그녀의 삼촌인 요아킴 란다우(Joachim Landau) 박사는 오스트리아 의회에서 자유당(the Liberal Party) 소속 의원으로 재직했다.

1   젊은 학자

미제스가 비록 우리 시대의 가장 뛰어난 이론가인 것은 사실이지만, 10대 때 그의 관심은 역사, 특히 경제사 및 행정사에 맞추어져 있었다. 그러나 고등학교 시절에조차 그는 독일어권을 휩쓴, 역사학파에 의해 지배되고 있던, 상대주의(relativism)와 역사주의(historicism)에 반발했다. 그는 역사연구를 처음 하면서 역사연구들이 사실상 공식적인 정부 보고서의 문장 바꿔쓰기에 불과하다는 것을 알고 좌절했다. 그는 문장 바꿔쓰기 대신에 그는 순수 경제사를 쓰길 열망했다. 그는 일찍부터 국가지향의 역사연구를 싫어했다. 따라서 그의 《기록과 회상》에서 미제스가 쓰기를:

역사적 지식에 대한 나의 치열한 관심이 나로 하여금 독일 역사주의가 적합하지 않다는 점을 기꺼이 받아들이게 했다. 그것은 과학적으로 문제들을 다루지 않았고, 프로이센 정책들 그리고 프로이

센의 권위주의 정부의 영예를 높이는 일 그리고 정당화를 하는 일만 했다. 독일의 대학교들은 국가기관들이었고, 가르치는 사람들은 공무원들이었다. 교수들은 공무원이라는 자신들의 이런 지위를 잘 알고 있었고, 자신들을 프로이센 왕의 노비들이라고 보았다.[1]

미제스는 1900년대로 접어들 무렵 비엔나 대학교에 들어갔다. 그의 담당 교수는 경제사학자인 그륀베르크(Karl Grunberg)였다. 그륀베르크는 독일 역사학파의 일원이었고 노동의 역사, 농업의 역사, 그리고 마르크스주의에 관심을 가졌다. 국가주의자로서 그륀베르크는 화폐가 그 기원과 본질에서 순수한 국가 창조물이라고 주장했던 독일 경제사가 크나프(Georg Friedrich Knapp)의 추종자였다. 크나프는 슈트라스부르크 대학교에 있는 그의 경제사 센터에서, 독일 여러 지방에서 농민들을 농노상태로부터 해방시키는 일에 종사하는 학생들을 데리고 있었다. 비엔나에서도 유사한 센터를 만들기를 희망하고 있었던 그륀베르크 교수는 그의 학생들로 하여금 오스트리아 여러 부분에서 농노제의 제거에 대한 연구를 하도록 하였다. 젊은 미제스는 그의 고향 갈리치아에서 농노제의 소멸을 연구하는 임무를 떠맡았다. 나중에 미제스는 1920년대에 출판된 이 주제에 대한 자신의 책이 크나프-그륀베르크의 방법론 때문에 "경제사라기보다는 오히려 일지 내지 편년체에 가깝게 서술된 정부 조치들의 역사"였다고 한탄했다.[2]

---

1) Mises, 《기록과 회상》 p.7.

2) Mises, 《기록과 회상》 p.6. 그럼에도 불구하고 약 40년 전, 그 당시 밀접하게 연관된 주제에 대한 박사논문을 준비했던 링크(Edith Murr Link)가 나에게 말하기를, 미제스의 연구는 여전히 최고로 여겨진다고 했다. 그륀베르크에 대해서는 또한 Earlene Craver, "오스트리아학파 경제학자들의 이민"(The Emigration of Austrian Economists) 《정치경제학의 역사》 (History of Political Economy) 제18호 (1987년 봄호), p.2를 보라.

3년 후 출판된 그의 두 번째 역사연구, 오스트리아에서의 초기 아동노동법 연구에도 똑같은 문제들이 있었고, '그보다 나을 것이 없는' 것으로 판명되었다.[3] 역사학파의 국가주의와 프로이센주의에 그가 짜증을 냈음에도 불구하고, 당시 미제스는 아직 경제이론, 오스트리아학파, 그리고 자유시장의 경제적 자유주의를 발견하지 못하였다. 비록 신속하게 마르크스주의를 기각하긴 했지만, 그도 대학교 저학년 때 그는 좌파 리버럴이었고 간섭주의자였다. 그는 대학교 소속의 사회과학교육협회에 가입했고, 그것을 응용한 경제개혁에 뛰어들었다. 대학교 3학년 때 미제스는 필리포비치(Eugene von Philippovich) 교수 밑에서 주거 환경에 대해 연구를 하였고, 다음 학기에는 형사법 세미나에서 국내 노예제에 대한 법률의 변화에 대한 연구를 하였다. 상세한 연구들을 통해서 미제스는 개혁 법률들이 역효과를 낳는 점에만 성공한다는 것을, 그리고 노동자들의 처지에서의 모든 개선들은 자본주의의 작동들을 통해서만 실현되었다는 점을 깨닫기 시작했다.

1903년 크리스마스 경, 미제스는 멩거의 위대한 《경제학 원리》를 읽음으로써 오스트리아학파 경제학을 발견하였다. 따라서 간섭주의적 개혁이 약점을 가지고 있다는 그의 경험적 발견들을 완전하게 만들어줄 명문화된 경제이론 및 자유시장 자유주의의 세계가 있음을 알게 되었다.

경제사에 대한 그의 책 두 권을 출판하면서, 그리고 1906년 박사학위를 받으면서, 미제스는 그의 나머지 인생을 괴롭혀온 문제인 대학에서의

---

3) 그 책 제목은 《오스트리아 공장법에 대한 기고》(*A Contribution to Austrian Factory Legislation*)였다. Mises, 《기록과 회상》 p.6.

상근 유급직 거부라는 문제에 봉착했다. 50대 중반까지 그의 혼신의 정열이 응용 정치경제학 연구에 쏟아졌다면, 이 엄청나게 생산적이고 창의적인 인간이 경제이론과 철학에서 무엇을 성취할 수 있었을지 상상도 못할 정도이다. 간단히 말해서, 중년까지는 그는 경제이론을 추구할 수 있었을 것이고, 여가 활동으로서는 그의 특별하고 영향력 있는 책들과 기사들이 쓰였을 것이다. 만일 대부분의 학자들이 허송하고 있는 여가까지 누렸다면, 그가 해낼 수 있었던 것, 그리고 세상이 얻을 수 있었던 것은 도대체 무엇이었겠는가? 이처럼 이용가능한 시간이 없어서 미제스는 경제사와 사회사에 대한 광범한 연구계획을 포기했다고 쓰고 있다. 그는 "나는 이 연구를 할 기회를 가지지 못했다. 대학교를 마치고나서, 나는 기록보관소나 그리고 도서관에서 연구할 시간을 전혀 갖지 못했다."[4] 며 아쉬움을 토로하였다.

미제스는 비엔나 대학교 법학부에서 학위를 받은 후, 1906년 후 몇 년간 몇몇 민사, 상업, 형사 법정들에서 일했고, 법률회사의 보좌역이 되었다. 게다가 교직 준비차원에서, 미제스는 비엔나 여성상업학교 상급반에서 경제학, 헌법, 행정학을 가르치기 시작했다. 그 자리는 1912년 그의 위대한 첫 책을 완성할 때까지 맡고 있었다.[5] 그러나 대부분의 경우, 미제스는 응용경제학 분야에서 활동하였다. 1909년부터 시작한 업무는 중앙주택개혁협회의 경제학자로서의 일이었다. 미제스는 오스트리아의 열

---

4) Mises, 《기록과 회상》 pp.6-7.

5) Margit von Mises, 《미제스와 함께 했던 세월들》(*My Years with Ludwig von Mises*, 2nd ed. Cedar Falls, Iowa: Center for Futures Education, 1984), p.200.

약한 주거환경이 기업 및 자본이득에 대한 높은 세율에 의해 초래되었음을 발견함으로써 해당 협회의 부동산세 전문가가 되었다. 미제스는 세율의 인하, 특히 부동산에 대한 높은 세율의 인하를 옹호하였다. 이는 임대료를 낮추지는 못하겠지만, 부동산의 실제 가치를 올리게 될 것이고, 그럼으로써 주택 건설 투자를 자극할 것이라는 것이 그의 주장이었다. 그리하여 미제스는 오스트리아의 주택세를 대폭 인하시키는 데 성공하였다. 그는 제1차 세계대전으로 인해 주택 건설이 중단된 1914년까지 이 자리에서 근무하였다.

1909년부터 20년 후 그가 오스트리아를 떠날 때까지 미제스의 주요 보직은 비엔나 상공회의소의 상근 경제학자였다.[6] 오스트리아에서는 정부가 만든 상공회의소가 일종의 '경제 의회'(Economic Parliaments)로 기능했는데, 사업가들이 그 대표를 뽑고 세금으로 재정지원을 받았다. 상공회의소는 정부에 경제적 조언을 하였고, 그 권력의 중심은 총회였고, 다양한 지역 그리고 지방 상공회의소의 대표들로 이루어졌으며, 위원회들을 가지고 있었다. 상공회의소와 총회에 조언하는 전문가들은 상공회의소의 다양한 사무직으로 모여들었다. 1900년대로 접어들면서 (여러 상공회의소들 중에서 가장 뛰어난) 비엔나 상공회의소의 사무국에서 일한 경제학자들은 정부의 중요한 경제조언가가 되었다. 제1차 세계대전이 끝날 무렵,

---

6)   1909년 미제스가 들어갔을 때 그 조직의 이름은 저지(低地) 오스트리아 상공회의소(Lower Austrian Chamber of Commerce and Industry)였다. 1920년에 그것은 자신의 이름을 비엔나 상공회의소(Vienna Chamber of Commerce, Handicrafts, and Industry)로 바꾸었다.

상공회의소에서의 준 독립적인 지위로 일하고 있었던 미제스는 정부의 주요 경제고문이 되었고, 자유시장과 건전한 화폐를 위한 수많은 전투들에서 승리하였다.

2 《화폐와 신용의 이론》

    1903년에 영향력 있는 화폐경제학자인 헬퍼리히(Karl Helfferich)가 자신의 저작 《화폐》(Money)에서 오스트리아학파에 문제제기를 했다. 그는 멩거, 뵘바베르크, 그리고 그들의 추종자 등 위대한 오스트리아학파가 시장분석과 재화 그리고 서비스의 가치분석(우리가 지금 '미시경제학'이라고 부르는 것)에서 보인 자신들의 뛰어난 실력에도 불구하고, 화폐의 문제를 미처 풀지 못하고 있음을 정확하게 지적하였다. 한계효용이론은 화폐의 가치로 확장되지 못했고, 그것은 영국 고전학파 경제학자들의 영향 아래에서 효용, 가치, 그리고 상대가격들에서 엄격히 분리된 '거시' 라는 상자 안에 놓여져 있었다. 심지어 최고의 화폐분석들도, 리카도, 통화학파(Currency School), 미국의 피셔에서처럼 개인의 행동에 대한 미시적 분석에 근거를 전혀 두지 않은 '가격수준', '유통속도' 기타 총계적인 것으로 발전하여왔다.

특히 오스트리아학파적 분석을 화폐로 확장하는 것은 외관상 이겨내기 힘든 장애물인 '오스트리아학파의 순환'에 직면했다. 그 문제는 다음과 같다: 직접 소비되는 재화의 경우, 생산물의 효용과 그에 따른 수요는 명확하게 파악할 수 있다. 소비자는 생산물을 보고, 평가하며, 자신의 가치척도에 따라 등급을 분류한다. 소비자에게 이 효용들은 상호작용하여 시장수요를 형성한다. 시장공급은 기대수요에 의해 결정되고 양자는 상호작용하여 시장가격을 결정한다. 그러나 화폐의 효용과 수요에 대해서는 특정한 문제가 제기된다. 왜냐하면 화폐는 그 자체를 위해서가 아니라, 오로지 현재와 미래의 다른 재화를 구매하기 위하여 시장에서 수요되고, 현금잔고로 보유되기 때문이다. 화폐의 특징적 본성은 그것이 소비되는 것이 아니라 오로지 시장에서 교환들을 촉진시키기 위하여 교환수단으로서 사용되기만 한다는 점이다. 따라서 화폐가 시장에서 수요 되는 유일한 이유는 그것이 시장에 이미 존재하는 구매력, 혹은 가치나 가격을 가지고 있기 때문이다. 즉, 모든 소비재와 서비스에 대해서, 가치와 수요는 논리적으로 가격에 선행하고 가격을 결정하지만, 화폐의 가치는 수요에 의해서 결정되기는 하지만 또한 그것에 선행한다. 사실 화폐에 대한 수요는 화폐가 이미 가치와 가격을 가지고 있다는 것을 전제하기 때문이다. 화폐의 가치에 대한 인과관계 설명은 피할 수 없는 순환논법식 추론에 함몰되어있는 듯이 보인다.

1906년에 그의 학위를 받은 후, 미제스는 헬퍼리히의 문제제기를 받아들이기로 결심했다. 그는 한계효용이론을 화폐에 적용하고, 오스트리아학파의 순환을 풀기로 했다. 그는 화폐문제에 대한 경험적이고 이론적인 연구에 상당한 노력을 쏟았다. 이 연구의 첫 결실들이 오스트리아-헝가리에서의 외환통제와 금본위제에 관한 세 편의 학술 논문이었는데, 1908-1909년 사이에 두 편은 독일어 저널에, 한 편은 영어로 《경제학 저널》(Economic Journal)에 실렸다. 글을 쓰는 도중에, 미제스는 학계에 만연한 견해들과는 달리, 정반대로 화폐 인플레이션이야말로 국제수지 적자의 원인임을 파악했고, 소위 무역의 필요를 충족시키기 위해서 은행신용을 '탄력적'으로 해서는 안된다고 확신하게 되었다.

　금을 기준으로 삼아야 한다는 미제스의 논문은 대단한 논란거리였다. 그는 금으로 상환할 수 있어야 한다는 사실상 현존하는 정책들의 논리적 결론대로, 오스트리아-헝가리 제국이 법적으로도 금본위제로 복귀할 것을 요구했다. 놀랍게도 미제스는 인플레이션, 저금리, 그리고 저환율을 옹호하는 사람들과 부딪혔을 뿐 아니라, 중앙은행인 오스트리아-헝가리 은행의 격렬한 반대에 직면하였다. 실제로 중앙은행의 부행장이 미제스의 입장을 완화시키기 위해서 뇌물을 주겠다고 넌지시 귀띔까지 했다. 몇 년 후 미제스는 당시 재무장관이었던 뵘바베르크로부터 자신이 제안한 법적 금본위제에 중앙은행이 격렬하게 반대한 이유를 듣게 되었다. 금으로 상환하는 것을 법정화하는 것은 중앙은행으로부터 자금을 외환에 투자할 권리를 박탈해버린다는 우려가 있었다는 것이다. 중앙은행은 오랫동안 영향력 있는 언론인들과 정치인들뿐만 아니라, 관료들에게 지급할 은밀하고 불법적인 비자금을 모으기 위해서 이 투자들로부터의 수익을 악용해왔던 것이다. 은행이 비자금 보유를 열망했기에, 미제스를 엄청나게 전투적으로 반대했던 자들이 은행으로부터 돈을 받아 챙

겼던 경제학 학술지 출판자들이었던 것도 딱 맞아떨어지는 일이었다. 미제스는 하나의 결론을 내리기에 이르렀다. 그는 오스트리아에서의 경력의 나머지 기간에 그 결론을 추구했다. 그것은 그의 적들이 가진 부패를 폭로하는 일을 추구하지 않고, 학설의 뿌리에 대한 폭로 없이 그저 그릇된 학설을 반박하는 데만 자신을 한정하기로 한 것이다. 그러나 마치 그의 적들이 모두 가치가 있는 사람들이고 객관적인 학자인 것처럼 대우하는, 숭고하고 자기희생적인 입장을 취함으로써, 미제스는 그들을 정당화하였으며, 공적인 논의에서 그들이 받을 만했던 것보다 더 높은 지위에 있도록 내버려 두었는 지적을 받을 수 있다. 만일 대중이 부패가 정부간섭에 거의 항상 수반된다는 점에 대해 이야기를 들었더라면, 국가주의자들과 인플레이션주의자들의 활동이 신성하지 않음이 드러났을 것이다. 그리고 미제스의 영웅적인 일생 동안의 국가주의 반대투쟁도 더 성공을 거두었을 것이다. 간단히 말해서 미제스에게는 일종의 연속타(one-two punch)가 필요했다. 즉, 국가주의자 적들이 가지고 있는 경제적 오류들에 대해 논박하면서도 또한, 정부로부터 받은 특권 속에 그들의 이기적인 이해관계가 걸려있다는 점도 폭로해야 했다.[7]

미제스는 예비 연구에서 나와서 1909년부터 그의 첫 번째 기념비적 연구에 착수하였다. 1912년에《화폐와 신용의 이론》으로 출간된 그것은 뛰어난 성취였다. 왜냐하면 리카도와 함께 영국 고전학파 경제학에서 시작되었던 미시-거시의 균열이 처음으로 치유되었기 때문이다. 오랜 시간

---

7) 미제스의 금과 외환에 관한 논문들에 대해서, 뵘바베르크의 폭로에 대해서, 그리고 미제스의 결심에 대해서는 Mises,《기록과 회상》pp.43-53을 보라.

이 지나고 마침내, 경제학은 개별 인간행동의 논리적, 단계적 분석에 근거한 전체이자 통합된 과학이 되었다. 이제 화폐도 개인의 행동과 시장경제의 분석 속으로 완전히 통합되었다.

개인의 행동에 기반한 분석을 전개함으로써, 미제스는 기계적인 영미 수량이론의, 그리고 피셔의 '교환방정식'의 심각한 오류를 보여줄 수 있었다. 화폐수량의 증가는, 상대적 효용이나 가격들에는 영향을 미치지 않은 채로 기계적으로 실존하지도 않는 '가격수준'의 비례적인 증가를 초래하는 것이 아니다. 화폐수량의 증대가 화폐단위의 구매력을 낮출 때, 불가피하게 상대적인 소득과 가격도 변화시키면서 구매력을 낮추기 때문이다. 거시와 미시는 서로 뗄 수 없이 얽혀 있다. 따라서, 개인의 행동, 화폐의 선택과 수요에 초점을 맞춤에 따라, 미제스는 화폐이론을 오스트리아학파의 가치와 가격이론에 통합할 수 있었을 뿐만 아니라, 기존의 화폐이론을 총계들 간의 기계적 관계에 비현실적이고 왜곡된 관심을 쏟던 것에서 개인의 선택이론과 일치하는 것으로 변모시켰다.[8]

더 나아가 미제스는 리카도와 1800년대 전반부 영국 통화학파의 화폐에 대한 비판적 통찰을 부활시켰다. 그 내용은 다음과 같다. 그들은 화폐도 다른 어떤 상품들처럼 수요-공급에 의해 가치가 결정되는 상품이지

---

8) 마셜과 그의 케임브리지학파 사도들인 피구(Arthur Cecil Pigou)와 로버트슨(Dennis Robertson) 역시, 현금잔고의 효용 그리고 수요에 대하여, 미제스의 강조와 외관상으로는 유사한 강조를 하게 되었다. 그렇지만 전자의 것은 총계적이고 기계적이기 때문에, 케임브리지학파의 K, 즉 현금잔고에 대한 수요는, 피셔의 V, '유통속도'와 서로 대수롭지 않게 수학적으로 전환될 수 있다. 반면에, 현금잔고의 수요에 대한 미제스의 생각은, 각 개인의 수요에 근거한 것으로서 이런 식으로 수학적으로 환원될 수 없다.

만, 한 가지 중요한 측면에서 다르다고 보았다. 다른 조건이 같다면, 소비재의 공급증가는 생활수준을 올리고 그럼으로써 사회적 편익을 준다. 그러나 이와 반대로 화폐는 지금이나 미래 어떤 순간에 자본 혹은 소비재로 교환한다는 단 하나의 기능만 가지고 있다. 화폐는 소비재처럼 먹거나 사용되지 않고 자본재처럼 생산에 사용되지도 않는다. 화폐량의 증가는 오직 각각의 프랑 혹은 달러의 교환 효과성을 희석시키는 점에만 기여한다. 화폐량의 증가는 아무런 사회적 편익을 주지 않는다. 사실상 정부와 정부가 통제하는 은행체제가 화폐공급을 증대시키려고 하는 이유는, 엄밀하게 말해서 그 증가가 모든 사람들에게 똑같이 주어지는 것이 아니기 **때문이다.** 똑같이 주는 대신, 증가된 화폐공급의 첫 수혜자는 [그것을 물품 및 서비스 구매, 복지 등에 지출하는] 정부 자신과 중앙은행이다. 그 다음으로 새로운 화폐를 일찍 받는 사람들은 은행으로부터의 특혜 받은 새로운 차입자들, 정부와의 계약자들, 그리고 정부 관료 자신들이다. 미제스가 지적하기를, 새로운 화폐를 일찍 받는 사람들은, 연속적인 사슬의 뒤에 있어 새로운 화폐를 나중에 받는 사람들, 혹은 새로이 유입된 화폐를 전혀 받지 못하는 고정소득자들의 희생으로 편익을 얻는다. 이런 점에서 화폐 인플레이션은 숨겨진 형태의 세금이거나 정부나 정부가 특혜를 주는 그룹들에게로 나머지 주민들로부터의 부(富)를 재분배하는 것이다. 그리하여, 미제스의 결론은 일단 시장에서 화폐로서 확립된 상품의 공급이 충분하다면 화폐공급을 증대시킬 필요가 전혀 없다는 것이다. 이것이 의미하는 바는 다음과 같다. 화폐공급이 얼마였건 간에, 어쨌든 [기존의 화폐량은] '최적'이었고, 정부의 자극으로 증대된 화

폐공급으로 인한 모든 변화는 오직 해악만을 가진다.[9)]

미제스는 화폐에 대해 일종의 '가치 척도'의 수단이라고 보는 피셔의 견해를 논박하는 도중에, 효용이론 일반에 중요한 기여를 하게 된다. 그 기여란, 멩거와 뵘바베르크의 오스트리아학파 효용분석에 있었던 중대한 결함의 교정이다. 비록 미제스 이전의 오스트리아학파가 제본스나 발라만큼 이 중대한 결함을 강조하지는 않았지만, 적어도 그들 역시 효용을 측정할 수 있다고 믿었음을 보여주는 증거들, 그리고 '한계효용들'을 적분(積分, integration)한 것인 재화의 공급의 '총효용'을 은연 중에 말하고 있다는 증거가 있다.

미제스는 뵘바베르크의 대학원 세미나 학생이었던 체코인 경제학자 쿠엘의 중요한 통찰에 근거하여 한계효용이 엄밀하게 말해서 각 개인에게 주관적이기 때문에 그것은 순수하게 서수적인 등급(ordinal ranking)인 것이고 어떤 의미로든 가감되거나 측정될 수 없고, 더구나(a fortiori) 사람들 사이에서 비교될 수도 없다고 했다. 따라서 미제스는 '총효용'이라는 개념 그 자체가 전혀 말이 안되고, 부분적으로는 한계효용의 적분으로서도 말이 안 된다는 점을 입증하는 데 있어 쿠엘의 주제를 발전시켰다. 그와 달리 재화의 더 큰 집합이란 단순히 또 다른 큰 단위의 한계효용인

---

9) 금이나 혹은 다른 유용한 상품이 화폐일 때, 금 재고의 증대는 화폐가 아닌 용도에서 사회적 편익을 부여한다. 왜냐하면 그러한 증대는 사치품, 산업용, 혹은 치과용 등등으로 더 많이 이용가능한 금을 의미하기 때문이다. 오로지 그 화폐적 용도에서만, [그 양이 상대적으로 많건 적건 간에] 어떠한 양의 금의 공급도 최적이다. 이와 반대로, 법정 불환지폐가 표준화폐가 된다면, 종이의 공급증대가 [독일 바이마르 공화국의 초인플레이션 당시에 종이화폐를 땔감으로 썼던 사실이 있음에도] 바람직하다고 여길만한 화폐 이외의 용도는 전혀 주지 못한다.

것이다. 따라서, 소비자에게 있어 달걀 한 판의 효용이 '달걀 하나의 한계효용'과 어떤 수학적 관계에 있는 일종의 '총효용'으로 여겨진다는 것은 용납될 수 없다. 그 대신에, 우리는 단지 한편으로는 달걀 한 판의 한계효용, 다른 한편으로는 달걀 하나의 한계효용이라는, 서로 다른 크기단위의 한계효용을 다룰 수 있을 뿐이다. 우리가 두 개의 한계효용에 대해서 이야기할 수 있는 유일한 것은 달걀 한 판의 한계효용이 달걀 하나의 한계효용보다 [어느 정도일지는 모르지만] 더 가치있을 것이라는 점이다. 이상과 같은 그의 스승들에 대한 미제스의 교정은, 항상 개인의 실제 행동에 초점을 맞추는 오스트리아학파의 근본적인 방법론과 일치하는 것이고, 오스트리아학파가 기계적인 총계에 의존하는 방향으로 표류하지 않게끔 바로잡은 것이다.[10]

만일 쿠엘-미제스 통찰이 효용이론의 주류에 통합되었다면, 한편으로는 주류 경제학이 1930년대 후반에 절망적이게도 기수적이었던 한계효용을 이탈하여 무차별곡선(indifference curves)과 한계대체율(marginal rates of substitution)을 편애하는 일은 없었을 것이고, 다른 한편으로는 현행 미시교과서가 담고 있는, 측정이나 수학적 조작에 매달리는 허구적 실체인 '효용들'에 대한 현행의 엉터리같은 미시 교재의 논의들을 하지 않을 수 있었을 것이다.

---

10) 이 점에 대한 논의를 보려면 Murray N. Rothbard, "효용 및 후생 경제학의 재건을 향하여"(Toward a Reconstruction of Utility and Welfare Economics, New York: Center for Libertarian Studies, [1956] 1977), pp.9-15. 참조. 쿠엘의 기여는 그의 책 《욕구론》(Zur Lehre von den Bedurfnissen, Innsbruck, 1906), pp.186ff. 쿠엘에 대해서 반박하려는 뵘바베르크의 시도는 Böhm-Bawerk, 《자본과 이자》 제3권, pp.124-136에서 발견할 수 있다.

유명한 오스트리아학파의 순환이란 무엇인가? 미제스는 자신의 가장 중요하지만, 가장 무시된 경제학적 기여 중 하나인 회귀정리를 통해 이를 해결하였다. 미제스는 화폐의 기원이 물물교환에 있다는 멩거의 논리적-역사적 설명에 근거하여, 화폐는 오로지 그런 방식으로만 발생할 수 있다는 점을 논리적으로 입증하였다. 그렇게 함으로써 그는 화폐의 효용에 대해 순환논법식으로 설명이 이어지는 문제를 해결했다. 순환의 문제란, 어떤 주어진 시기, 가령 '어떤 날 N'(Day N)의 화폐가치(구매력)는, 어떤 날 N 당시의 화폐공급(그런데 이것 자체는 N-1날에 미리 존재하고 있던 구매력에 좌우된다.), 그리고 당시의 화폐 수요라는 두 가지 실체에 의해 결정된다는 것이다. 미제스는 엄밀하게 말해서 이 문제가 [그 전날의 구매력에 좌우된다는] 시간 차원(time dimension)의 것임을 이해하고 파악함으로써, 이 순환을 정확하게 깨뜨렸다. 어떤 주어진 날에만 머무르며 물레방아가 도는 것처럼 이루어지던 설명은, 그 날의 화폐수요가 전 날의 구매력, 즉 전날의 화폐수요에 의존한다는 사실에 의해서 깨어졌기 때문이다. 그러나, 만일 우리가 오늘의 구매력이 오늘의 화폐수요에 의존하고, 다시 그것은 전 날의 구매력, 즉 전 날의 화폐수요에 달려있고, 차례로 전 날의 구매력은 그 전날의 화폐수요에 의해 결정된다고 말한다면, 우리는 비록 쳇바퀴에서는 벗어났지만 시간상 과거로 향하는 무한회귀의 함정에 빠진 것이 아닌가? 결코 끝날 수 없는 원인들로의 회귀는, 물레방아처럼 반복되는 추론을 벗어나는 데 결코 도움이 되지 않는다.

　그러나 미제스의 해법이 뛰어난 점은 시간상 과거로의 논리적 회귀가 무한하지 않는다는 점이다. 미제스의 회귀정리는, 화폐가 화폐 외적으로도 유용한 상품으로 여겨지는 물물교환체제라는 시간상 특정 지점에서 정확하게 끝을 맺는다. 간단히 말해서, 가령 1일이 어떤 상품이 간접교환의 매개물('화폐'라고 단순화하자)로 사용된 첫 순간이라고 하고, 반면 이전의 0일은 금과 같은 상품이 물물교환체제에서 직접적인 재화로서 사용된 마지막 날이라고 하자. 그런 경우 어떤 날 N의 화폐가치가 가지는 인과적 연쇄는 논리적으로 시간상 1일으로 회귀하게 되고, 그 다음 0일로 회귀한다. 간단히 말하자면 1일의 금에 대한 수요는 0일의 금의 구매력에 달려있다. 그러나 여기서 과거로의 회귀가 끝나는데, 0일의 금에 대한 수요는 소비에서 그것이 가지는 직접적인 가치로만 구성되어있기 때문에, 전 날의 금 가격이 존재해야 한다는 역사적 요소를 필요로 하지 않는다.

미제스의 논증은 화폐의 가치와 구매력의 결정원인을 종결짓고, 그럼으로써 오스트리아학파의 순환을 해결했을 뿐 아니라, 다른 재화와 달리 화폐가치의 결정원인은 중요한 역사적 차원을 포함하고 있음을 보여주었다. 회귀정리는 어느 사회에서건 화폐가 물물교환으로부터 출현한 시장과정에 의해서만 수립될 수 있음을 보여주기도 하였다. 화폐는 사회계약이나 정부의 강제, 혹은 경제학자들이 제안한 인위적 계획에 의해서 수립될 수는 없다. 화폐는 말하자면 시장으로부터만 '유기적으로'(organically) 출현할 수 있다.[11]

미제스의 회귀정리를 잘 이해함으로써, 우리는 새로운 화폐나 통화단위를 허공에서 창출하려는 오스트리아학파 혹은 준오스트리아학파의 여러 불가능한 계획들, 예컨대 하이에크가 제안하는 두카트(ducat) 계획, 교환수단(media of exchange)으로부터 회계단위(units of account)를 분리하려는 계획 등을 모면할 수 있게 해준다.[12]

화폐이론을 경제학 일반과 통합시키는 것, 그리고 그것을 개인의 행동이라는 미시적 기초 위에 자리잡게 하는《화폐와 신용의 이론》의 위업에 더하여, 미제스는 현존하는 은행분석 역시 변모시켰다. 리카도-통화학파 전통으로 되돌아가서, 그는 인플레이션적인 부분 지급준비금 신용

---

11) 회귀정리는 Mises,《화폐와 신용의 이론》pp.108-123에서 제시되었다. 미제스는 이후에《인간행동》pp.405-413에서 이 정리에 대한 비판에 답하였다. 더 최근의 길버트(J.C. Gilbert)와 파틴킨(Don Patinkin) 등의 비판에 대한 답변으로는 Rothbard, "효용 및 후생 경제학의 재건을 향하여", p.13, 그리고 Rothbard,《인간, 경제, 국가》(*Man, Economy, and State*, Princeton: Van Nostrand, 1962), 제1권, pp.231-237, 그리고 특히 p.448를 보라.
[역주: 라스바드의 이 책은 한국어 번역본도 출판되어 있다.]
또한 Edwin Dolan, ed.,《현대 오스트리아학파 경제학의 기초》(*The Foundations of Modern Austrian Economics*, Kansas City: Sheed and Ward, 1976), p.170에 수록된 Rothbard, "오스트리아학파의 화폐이론"을 보라. 모스(Laurence Moss)의 미제스 비판에 대한 답변을 포함한, 회귀정리에 대한 가장 최근의 논의에 대해서는 James Rolph Edwards,《이 나라의 경제학자: 화폐사상사 속에서의 미제스》(*The Economist of the Country: Ludwig von Mises in the History of Monetary Thought*, New York: Carlton Press, 1985), pp.49-67을 보라.

12) 역주: 미제스는 이들과 달리 금본위제 자체로 돌아갈 것을 요구하면서 그 방법을 (디플레이션을 일으킬) 뉴딜 당시의 금 대 달러의 교환으로 돌아가는 것이 아니라, 자유 금가격에 맞게 하여야 한다고 하였다. "나는 금본위제로 돌아가는 것은 오직 한 길 뿐이라고 봅니다. 보유를 금하는 법률을 폐지하는 것입니다. 금시장을 재건하고, 어떤 비율로 스스로를 정하는지를 보십시오. 이것은 가능한 최소한의 혼란 밖에 야기하지 않을 것입니다."《자유시장과 그 적들: 유사과학, 사회주의, 인플레이션》(*The Free Market and Its Enemies: Pseudo-Science, Socialism, and Inflation*, (New York: FEE, 2004), 제7장]

(fractional-reserve credit)[13]을 제거하려고 했던 그들의 시도가 옳았음을 입증하였다. 미제스는 은행이 수행하는 두 개의 별개의 기능, 즉 생산적 신용과 저축을 연결해주는 기능('상품신용'(commodity credit)), 그리고 현금을 안전하게 보유하고자 할 때 화폐창고(money-warehouse)로서의 기능을 구별하였다. 양자 모두 적법하고 인플레이션을 유발하지 않는 기능들이다. 문제는 화폐창고로서의 기능이 변질되어, 은행금고에 존재하지 않는 현금에 대한 가짜 창고영수증(은행권 혹은 요구불 예금)을 발행하거나 대출해줄 때 일어난다('상환담보물의 준비가 안 된 신용'(fiduciary credit)). 은행이 발행한 이 '현물로 뒷받침되지 않는'(uncovered) 요구불 채무는 화폐공급을 팽창시키고 인플레이션 문제들을 발생시킨다. 따라서 미제스는 요구불 채무에 대해서도 100% 준비금이 있어야 한다는 통화학파의 접근법을 선호하였다. 그는 영국에서 통화학파의 원칙에 따라 제정된 1844년 필 은행 법(Peel's Act)은 100% 준비금을 오로지 은행권(bank notes)에게만 적용함으로써 실패했고 불명예스럽게 되었다고 지적했다. 그들은 요구불 예금(demand deposits)도 역시 현금의 대용이고 따라서 화폐공급의 일부로 기능할 것이라는 점을 깨닫지 못했다. 미제스가 자신의 책을 썼던 것은 경제학 교수진 상당수가 요구불 예금도 화폐공급의 일부를 이룬다는 점을 여전히 확신하지 않았을 때였다.

---

13) 역주: 부분 지급준비금 제도는 시중은행들이 고객 예금의 일부를 대출하여 수익을 올릴 수 있지만 일부만이 실제 현금으로 전환 및 인출이 가능한 제도이다. 예컨대 법정 지급준비율이 10%인 상황에서 어떤 은행이 1억 원의 자산을 보유하고 있다면, 이 중 최소 1천만 원만 실제로 보유하고 나머지 9천만 원은 대출할 수 있다. 이런 과정을 반복하면 실제로 금고상에는 1억 원밖에 없어도 장부상에는 대출채권을 포함하여 10억 원이 있는 것이다.

그러나 미제스는 정부가 100% 준비금 제도의 집행을 철저히 할 것이라는 점을 신뢰하지 않았기 때문에, 100% 준비금이라는 이상에 가까이 갈 수 있는 수단으로서 전적으로 자유로운 은행업제도(free banking)를 옹호하였다.《화폐와 신용의 이론》에서, 그는 은행의 신용 인플레이션을 조장하고 촉진하는 주요 세력이 각 국가의 중앙은행이라는 것을 입증하였다. 중앙은행은 준비금을 중앙집중화하고, 곤경에 처한 은행을 구제하며, 그럼으로써 모든 은행이 함께 인플레이션을 일으키는 것을 보장한다. 필립스(C.A. Phillips)의 [《은행 신용》(Bank Credit)에서의] 유명한 설명보다 8년이나 앞서, 미제스는《화폐와 신용의 이론》에서 [중앙은행이 아니라] 개별 은행은 신용을 팽창시킬 여지가 거의 없음을 보여주었다.

그러나 이것이 전부는 아니다. 왜냐하면 미제스는 화폐와 은행에 관한 그의 이론을 토대로 삼아서 그의 유명한 (일반 미시경제학과 통합된, 그리고 개인의 행동에 대한 분석 위에서 수립된 이 주제에 대한 유일한 이론인) 경기변동이론의 개발을 시작하였기 때문이다. 그 기본적 원리는 1924년《화폐와 신용의 이론》제2판에서 더 발전되었다.

무엇보다도, 우선 미제스는 경기변동의 과정이 신용팽창과 본질적으로 동일함을 훌륭하게 식별할 수 있었다: (a) 한 은행이 신용을 팽창하면, 곧 이어 감축으로 그리고 상환 요구로 이어진다, 그리고 (b) 중앙은행을 통해 나라의 모든 은행이 화폐와 신용을 다 함께 팽창시키면, 그에 따라 흄-리카도 가격-정화 흐름 메커니즘(Hume-Ricardo specie-flow price mechanism)[14] 이 발현하는 데는 더 많은 시간이 걸린다. 그래서 신용과 화폐공급이 팽창하면, 소득과 가격이 상승하고, 금이 나라 밖으로 빠져나가고(즉 국제수지 적자), 결과적으로 신용과 은행이 붕괴하여 화폐와 가격의 축소가 강제되고, 역으로 정화가 나라로 흘러들어온다. 미제스는 이 두 과정이 기본적으로 동일하다는 점을 보았을 뿐 아니라, 화폐적 요인에 의해, 특히 '창출된' 은행신용의 팽창과 이후의 감축에 의해 생겨나고 좌우되는 경기변동의 기초적인 모델이 있음을 처음으로 파악하였다.

1920년대에 미제스는 통화학파의 호황-파국 경기변동 모델, 스웨덴의 '오스트리아학파' 빅셀의 '자연'이자율과 은행이자율간의 구별, 그리고 뵘 바베르크의 자본과 이자이론 등 기존의 세 가지 요소들로부터 그의 경기 변동이론을 만들어냈다. 이전에는 완전히 별개였던 분석들을 특출하게 통합해냄으로써, 미제스는 인플레이션적인 은행신용 혹은 창출된 은행신용이 더 많은 화폐를 경제 속으로 퍼붓고, 사업 대부에 대한 이자율을 자유시장의 시간 선호 수준 아래로 끌어내린다면, 소비자로부터 멀리 떨어진 자본재 산업에 대하여 과오투자(malinvestment)된 초과를 불가피하게 유발한다는 점을 보여주었다. 인플레이션적인 은행의 신용호황이 더 오랫동안 지속되면, 자본재에 대한 과오투자의 범위가 더 커지고, 그리고 이 불건전한 투자들이 청산될 필요성도 더 커진다. 신용팽창이 중단되거나, 역전되거나, 심지어 유의미하게 느려진다면, 과오투자가 드러난다. 미제스는 경기후퇴가 싸워서 이겨내야 하는 기이하고 설명불가능한 탈선이 아니라

---

14) 역주: 금본위제 하에서 일시적인 국제수지의 적자는 통화의 흐름에 따른 자동적인 조정 과정에 의해 다시 균형을 이루게 된다는 고전학파 경제학의 이론이다.

실제로는 필연적 과정임을 입증하였다. 경기후퇴의 과정을 통해서, 시장 경제는 호황 당시의 불건전한 투자들을 청산하고 가장 효율적으로 소비자들을 만족시키는 올바른 소비-투자 비율로 되돌아간다.

그리하여 자유시장 자본주의의 내적 작동에 의해서 야기된 경기후퇴 과정과 싸우기 위해서는 정부가 반드시 간섭해야한다고 믿는 간섭주의자 그리고 국가주의자와 달리, 미제스는 그 반대가 사실임을 정확하게 입증했다. 즉, 정부가 호황-파국 순환의 원인이기에 반드시 경제에서 자신의 손을 빼야만 한다. 그렇게 하는 경우에만 경기후퇴 과정이 정부가 창출한 인플레이션적 호황에 의한 왜곡을 가능한 신속하게 제거할 수 있다.

《화폐와 신용의 이론》의 눈부신 공헌에도 불구하고, 미제스는 불만족스러웠다. 말 그대로 그는 화폐와 신용의 이론을 구체화하였고, 최초로 일반적인 경제학 이론에 그것들을 통합시켰다. 그러나 그는 경제학의 일반이론 자체가 수정이 필요하다고 보았으며, 원래 계획은 새로운 화폐이론과 함께 직접교환 및 상대적 가격에 대한 수정된 이론도 동시에 내놓는 것이었다. 또한 미제스는 경제학에서 새롭게 유행하는 수학적 방법론에 대한 철저한 비평을 제시하기를 원했다. 그러나 그는 통합적인 실증이론의 구성과 수학적 경제학에 대한 비판이라는 그의 원대한 계획을 보류해야만 했는데, 그 이유는 그가 세계대전이 곧 발발하리라고 예상했고, 이는 정확했기 때문이다. 미제스는 비극적인 세계대전이 한참일 때 이렇게 썼다:

내가 평온하게 일할 수 있었고, 시간도 낼 수 있었다면, 나는 《화폐와 신용의 이론》 제1장을 직접교환에 대한 이론에서부터 시작했을 것이고, 그 다음에는 간접교환에 대해 논하였을 것이다. 그러나 그 책에서 나는 간접교환에서부터 시작했다. 시간이 별로 없다고 생각했기 때문이다. 나는 우리가 큰 전쟁의 전야에 있음을 알고 있었고, 전쟁이 발발하기 전에 내 책을 완성하고 싶었다.[15]

미제스가 1910년대에 가졌던 계획은 1940년대에 들어서야 1940년작 《경제학》과 그것의 영역이자 확장판이고, 미제스의 정수인 1949년작 《인간행동》을 통해 마침내 완수되었으며, 이를 통해 미제스는 경경제학의 장대한 재건을 완수할 수 있었고, 경제학 이론의 극치에 도달할 수 있었다.

---

15) Mises, 《기록과 회상》 p.56.

3 《화폐와 신용의 이론》과 미제스가 받은 대우

《화폐와 신용의 이론》은 마땅히 받아야 할 대우를 받지 못했다. 슈몰러(Gustav Schmoller)의 역사학파가 지배하는 독일의 경제학계는 예상대로 이 책을 아주 짧게만 다루었다. 심지어 오스트리아학파도 미제스의 눈부신 혁신에 귀를 귀울이지 않았다. 이 무렵의 미제스는 몇 년 동안 비엔나 대학교에서 뵘바베르크의 유명한 세미나의 헌신적인 구성원으로 활약했다. 《화폐와 신용의 이론》이 발간된 후, 뵘바베르크는 자신의 세미나에서 두 학기 동안 미제스의 저술에 대해 토론하도록 했지만, 그들의 중론은 미제스의 기여를 통째로 기각하는 것이었다. 뵘바베르크는 미제스의 논리와 단계적 분석이 옳다고 인정하였다. 그리하여 뵘바베르크는 통화공급의 변화가 단순히 모든 가격을 비례적으로 평등하게 증가시키는 것이 아니고, 반대로, 화폐는 결코 가격체계에서 '중립'적일 수 없으며, 화폐공급의 모든 변화는 상대적인 가격과 소득을 변화시킬 수밖에 없다는 미제스의 주장을 부인하지 않았다. 뵘바베르크는 이런 점들은 모두 인정하였지만, 이 모든 것이 일종의 '마찰'(friction)로서 가볍게 무시될 수 있다고 주장하며 오스트리아학파 방법론의 본질을 방법론의 핵심을 저버렸다. 미제스의 표현에 따르면:

> 뵘바베르크에 따르면, 옛 교리는 '원칙적으로' 옳았으며, '순수한 경제적 행동'을 목표로 한 분석의 완전한 의의를 유지하였다. 그리고 현실세계에는 이론적으로 도달한 결과로부터 벗어나게 하는 저항과 마찰이 있다고 그는 말했다. 나는 역학에서 빌려온 은유의 쓰임이 여기서는 부당하다는 것을 뵘바베르크에게 납득시키려 하였으나 허사였다.[16]

뵘바베르크와 그의 동료 오스트리아학파들은 실증주의 접근법에 반대되는 미제스의 '인간행동학적' 접근법을 즉, 이론에 근절하기 어려운 오류와 거짓이 주입되는 것을 피하기 위해서는 연역적 이론의 각각의 모든 단계가 참이어야 한다는 접근법을 반대하고 완강하게 거부함으로써, 화폐이론을 일반이론에 통합하는 것에 퇴짜를 놓았다. 슈몰러주의자들과 실증주의자들도 이를 무시해버렸다. 그래서 미제스는 새로운 '신오스트리아학파' 경제사상을 개척하는 외로운 길에 군말 없이 나서게 되었다.

미제스의 견해에 대한 찬반 여부를 떠나서, 그는 어쨌든 분명히 비엔나 대학교에서 학교의 직책을 맡을 만한 가치가 있는 중요한 혁신적 경

---

16) Mises, 《기록과 회상》 p.59.

제학자였다. 실제로,《화폐와 신용의 이론》덕분에 미제스는 1913년에 비엔나 대학교의 교수직에 임명되었다. 그러나, 그것은 비록 위신이 서는 자리이긴 했지만 급여는 받을 수 없는 '원외강사' 직책일 뿐이었다. 미제스는 이후 20년 동안 이 대학에서 강의를 맡고 매우 성공적인 주간 세미나를 개최하였지만, 결코 유급직을 얻지 못했고, 따라서 상공회의소의 경제학자로서, 그리고 오스트리아 정부의 중요한 경제고문으로서 업무를 계속해야 했다. 그에게는 여전히 경제학 이론을 구성하는데 자신의 눈부신 창조성을 방해받지 않고 추구할 여가시간을 가지지 못했다.

미제스의 경력은 다른 많은 사람과 마찬가지로 제1차 세계대전으로 인해 4년 간 중단되었다. 미제스는 전방에서 포병장교로 3년 간 복무한 후, 나머지 기간을 국방부의 경제 부문에서 보냈는데, 여기서 그는 대외무역에 대한 그리고 인플레이션에 반대하는 학술지 논문을 쓸 수 있었고, 모든 소수민족에게 민족적 문화적 자유를 주자는 책인《민족, 국가, 경제》(Nation, Staat und Wirtschaft, Nation, State, and Economy, 1919)도 발간할 수 있었다.

학교의 교수직 문제는 전쟁이 끝난 이후에 본격적으로 대두되었다. 비엔나 대학교는 전쟁 전에는 경제학에 대한 3석의 유급 교수직이 있었는데, 그 자리들을 뵘바베르크, 그의 처남 비저, 그리고 필리포비치가 차지했다. 뵘바베르크는 불행하게도 전쟁 발발 직후 사망했다. 필리포비치는 전쟁 전에 은퇴했고, 비저도 전쟁이 끝나자마자 그 뒤를 이었다. 첫 번째 공석은 미제스의 옛 스승인 그륀베르크에게 갔으나, 그륀베르크는 1920년대 초 프랑크푸르트에 학장으로 갔다. 그래서 비엔나 대학교의 세 자리는 공석으로 있었고, 일반적으로 미제스가 그 중 한 자리를 얻을 것이라고 추정되었다. 확실히 어떠한 학술 기준에 비추어봐도 그가 응당 받을 만했다.

그륀베르크의 자리는 또 다른 역사학파인 데겐펠트-쇤부르크(Ferdinand Degenfeld-Schonburg) 백작에게 돌아갔으며, 마흐루프는 그를 "완벽하게 별 볼일 없는 사람"(complete nonentity)이라 평가했다.[17] 그가 그 자리를 꿰찰 수 있었던 유일한 이유는 그의 귀족 작위와 '전쟁영웅'이라는 허울뿐인 칭호 덕분이었다. 그러나, 비저와 뵘바베르크의 뒤를 계승할 이들은 이론가로 내정되지 않았는가? 미제스의 혁신이 정통 오스트리아학파에게 받아들여지지 않았음에도 불구하고, 미제스는 분명 위대한 오스트리아학파 전통의 뛰어난 전수자였다. 또 그는 훌륭한 교사로도 명성이 자자했으며, 저널에 발표한 그의 1920년작 논문 「사회주의체제에서의 경제계산의 불가능성」은 사회주의를 겨냥했던 비판 중 가장 중요한 이론적 비평이었다. 그것뿐만이 아니다. 그 논문은 거의 20년 동안 미제스의 도전적인 비판을 반박하기 위해 노력했지만 성공하지 못했던 전 유럽 대륙 전체의 사회주의자들에게도 인정을 받았다.

그러나 미제스는 대학교의 유급직에 선택되지 못했다. 정말이지 네 번이나 그를 지나가 버렸다. 대신에, 이론가를 위한 두 자리는 (a) 독일 유학파(German-trained) 오스트리아인으로서 사회유기체론 사회학자이자, 경제학을 거의 알지 못하고, 오스트리아의 가장 뛰어난 파시스트 이론가가 된 슈판(Othmar Spann) 그리고 (b) 비저가 손수 고른 후계자이자, 오스트리아학파의 효용이론에 기여했음에도 불구하고 결코 미제스와 같은 반열이라고는 할 수 없는 마이어(Hans Mayer)에게 돌아갔다. 더 나아가,

---

17) Craver, "오스트리아학파 경제학자들의 이민" p.2.

마이어는 미제스의 반간섭주의적 자유주의 결론을 강하게 못마땅해 했다. 비엔나 대학교의 교수진은 세계대전 이전에는 전 유럽의 선망을 받았는데, 이제 [다종다양한 동물을 모아놓은] 동물을 흉내 내어 교수진을 구성하기 시작했다. 슈판과 마이어는 서로에 대해 아주 강한 경쟁심을 가지고 있었고, 강사인 미제스는 학계 서열에서 매우 낮은 위치에 있었다. 마이어는 공개적으로 학생들 앞에서 슈판에게 모욕감을 주었고, 만약 슈판과 동시에 방에 들어갈 일이 생긴다면 그가 보는 앞에서 아주 의도적으로 문을 쾅 닫아버리곤 했다. 한편으로, 슈판 교수는 반유대주의적 분위기 속에서 점점 더 유대인에 반대하는 성향을 가지게 되었고, 비밀스러운 교수 회의에서 셈족인 유대인 학자를 임명하는 것을 비난하고, 마이어가 유대인의 임명을 지지한다고 비난하기도 했다. 다른 한편으로, 마이어는 1938년에 이루어진 오스트리아의 나치 점령에 쉽게 적응하여 나치의 대의를 위한 헌신을 과시하며 경제학과를 이끌었다. 실제로 마이어는 나치에게 슈판의 친나치 성향이 불충분하다고 알렸고, 그 결과 슈판은 나치에 의해 체포되어 고문을 당했다.[18]

이러한 악취나는 분위기 속에서, 미제스가 이야기한 대로 슈판과 마이어가 미제스의 제자들을 차별했고, 그로 인해 그들은 학점 이수를 위한 등록도 하지 못한 채 미제스의 세미나를 청강할 수밖에 없었다. 또한 "나와 함께 논문을 쓰기 원하는 사회과학 박사과정 지원자들을 매우 힘들

---

18) 제2차 세계대전 이후에도, 마이어는 원칙없는 기회주의 생활을 계속할 생각이었다. 러시아가 비엔나를 점령했을 때, 그들은 당연히 마이어를 체포하려 했지만, 그는 자신의 공산당원증을 꺼내 소련을 대신하여 자신이 나치를 뒤흔들어 왔다고 주장했다. 연합군이 러시아군을 대체하자, 마이어는 사회민주당원증을 준비하여 다시 무사히 빠져나왔다.

게 했다. 그리고 대학에서의 강의 자격을 얻으려 하는 지원자들은 내 강의를 들은 학생임이 알려지지 않도록 조심해야 했다."는 것은 신기한 일도 아니었다. 다른 교수의 세미나에 등록하지 않고 미제스의 세미나에만 등록한 학생은 경제학과의 도서관을 이용할 수 없었다. 그러나 미제스는 의기양양하게도 자신의 상공회의소 도서관이 경제학과 도서관과는 "비교를 불허할 정도로 더 훌륭하다"고 지적했는데, 이 때문에 그러한 불이익은 적어도 그의 학생들에게 어떤 어려움도 주지 못했다.[19]

크레이버(Earlene Craver)는 미제스의 친구들과 학생들을 인터뷰한 뒤, 미제스가 교수 자리를 지명받지 못했던 것은 다음 세 가지가 그를 강타했기 때문이라고 했다. ⑴ 미제스가 마르크스적 사회주의 좌파건, 조합주의–파시스트적(corporatist-fascist) 사회주의 우파건, 사회주의에 의해 신속하게 점령당한 여론 상황에서 재건조차 안 된 반간섭주의적 자유주의를 여전히 지지하는 사람이었다는 점, ⑵ 점차 셈족에 반대하는 경향이 짙어가는 나라에서 그가 [대표적인 셈족인] 유대인이었다는 점,[20] ⑶ 그

---

19) Mises, 《기록과 회상》 p.95.

20) 포퍼는 1920년대의 비엔나에 대해서 "유대인 누구나 대학교 선생이 된다는 것은 불가능했다"고 회고한다. 미제스의 뛰어난 학생이자 사도였던 유대인 마흐루프는 비엔나 대학교에서 강사로 가르치는 것에 필요했던, 제2의 박사학위에 상당하는 교수자격(habilitation degree)을 얻는 것을 방해를 받았다. 이것은 유대인이 아니었던 하이에크, 하벌러, 그리고 모르겐슈테른(Oskar Morgenstern) 등 미제스의 주도적인 다른 세 명의 학생들이 교수자격을 받았다는 것과 대조적이다.
마흐루프는 세 명의 정교수 중 한 명의 지원을 받아 교수자격을 수여하는 투표에 찬성하도록 하는 것이 필요했다고 회상한다. 마이어는 미제스와 미제스의 학생들에 대한 엄청난 질투 때문에 마흐루프를 반대했다. 슈판과 데겐펠트-쇤부르크는 반유대주의 원칙 때문에 마흐루프에 투표하기를 거부했다. Craver, "오스트리아학파 경제학자들의 이민" pp.23-24.

가 개인적으로도 비타협적이었고 자신의 원칙들을 타협하려고 하지 않았다는 점이 그것들이다. 이전에 미제스에게서 배웠던 학생인 하이에크와 마흐루프가 결론짓기를, "미제스의 업적은 이 결함들중 앞의 두 가지는 눈 감아줄 수 있었을 것이지만 세 번째 결함은 결코 그렇지 않았다."[21]

그러나 나는 이 수치스러운 대우에는 크레이버가 언급하지 않은 또 다른 중요한 이유가 있다고 믿는다. 미제스는 그의 회고에서 이를 암시한다. 비록 그가 강조하지는 않았지만 말이다. 슈몰러, 브렌타노(Lujo Brentano), 심지어 비저를 포함한 그들의 성공한 적들과 달리, 멩거나 뵘바베르크는 학술의 영역이 정복을 해야하는 정치적 전쟁터라고 보지 않았다. 따라서 적들과 달리 그들은 자신의 제자나 추종자를 승진시키거나, 적들의 임명을 저지하는 것을 거부했다. 사실, 뵘바베르크는 자신은 물론 오스트리아학파에게 불구대천인 원수들의 임명을 주장할 정도로 정말이지 훨씬 뒤 쪽에 기울어있었다. 이러한 기이한 형태의 자기거부는 미제스나 비슷한 견해를 가진 학자가 임명되는 일을 무산시키는 데 큰 도움이 되었다. 멩거와 뵘바베르크는 진리는 아무런 도움을 받지 못해도 언제나 승리할 것이라는 순박한 견해를 가진 것으로 보인다. 그들의 행태가 결코 학계를 비롯한 모든 분야에서 진리가 승리하는 방법이 아님을 깨닫지 못했기 때문이다. 진리는 반드시 오류에 맞서 촉진되고, 조직되고, 싸워야 한다. 비록 진리가, 전략이나 전술에 의해 도움 받지 않아도, 장기에서는 승리할 것이라는 신념을 우리가 가질 수 있다고 해도, 그것은 불행하게도 우리 모두가 (확실히 미제스도 포함하여) 죽을 것인 초(超)장기

---

21) Craver, "오스트리아학파 경제학자들의 이민" p.5.

에서나 있을 일이다. 하지만, 멩거는 "모든 반대되는 명제들도 자유롭고 완전하게 운영될 수 있게 하는 것이, 과학적인 생각의 최종적 승리를 위한 확실하고 유일한 길"이라는 자멸적인 전략을 채택하였다.[22]

미제스는 자신의 사상, 평판, 그리고 저술이, 비록 학계에서의 위치는 그렇지 못했지만, 1920년대 오스트리아와 유럽의 다른 나라에서 점차 영향력을 확대해나가는 데서 오는 즐거움을 누렸다. 그러나 영어권 세계에서 그의 영향력은 1934년까지 《화폐와 신용의 이론》이 영어로 번역되지 않았다는 사실로 인해 대단히 제한적이었다. 미국 경제학자 앤더슨(Benjamin M. Anderson, Jr.)이 그의 책 《화폐의 가치》(The Value of Money, 1917)를 통해서 미제스의 저작을 제대로 평가한 첫 번째 영어권 저자였지만, 영미권에서의 다른 영향력은 1930년대 초까지 기다려야만 했다. 만약 《화폐와 신용의 이론》이, 당시 영국학계의 지도적인 경제학 학술지 《경제학 저널》의 편집자였던 영특한 젊은 경제학자 케인스로부터 저평가와 전체적인 이해력 부족으로 가득찬 논평을 받지 않았다면, 훨씬 더 영향력이 컸을 것이다. 케인스는 그 책이 '상당한 장점'을 가지고 있고, (무슨 의미에서건) '가능한 최고도로 깨우친' 것이며, 저자인 미제스도 '박학다식하다'고 썼지만, 그러나 결국에는 이 책이 '건설적'이지 않고 '독창적'이지도 않기 때문에 실망하였다고 썼다. 그러나 《화폐와 신용의 이론》에 관해서 어떤 주제를 생각해보건 건에, 그것은 매우 건설적이고 체계적이며 엄청나게 강렬하게 독창적이었기 때문에 오히려 케인스의 반응이야말로 정말로 수수께끼였다. 그렇지만 그 수수께끼가 밝혀진 것은 15

---

22) Mises, 《기록과 회상》 p.38.

년 후 케인스가 자신의 책 《화폐론》(Treatise on Money)의 제2판에서 "독일어로는, 나는 오직 내가 이미 알고 있던 것만을 명확하게 이해할 수 있었고, 그래서 언어상의 어려움 때문에 새로운 사상은 나에게 장막이 쳐진 것과 같았다"고 썼을 때였다. 그 수수께끼가 밝혀졌다. 뻔뻔함, 새로운 사상을 파악할 수 없었던 그런 언어로 쓰인 책에 대해 논평해대는 철면피함 그 자체, 그리고 나서 그 책에 대해 새로운 내용이 아무것도 없다며 깎아내리는 것, 이 모두가 너무나 케인스다운 특징이었다.[23]

---

23) 《경제학 저널》제24호 (1914년 9월호), pp.417-419에 실린 케인스의 비평. 유해하기 짝이 없는 그의 고백은 《화폐론》 제1권, p.199, n.2 에 있다. 이 연구에 대해 하이에크는, "만일 케인스 경의 독일어 실력이 조금이라도 더 나았다면 이 세상은 많은 고통을 덜 수 있었을 것"이라고 결론지었는데, 이는 케인스의 오만과 뻔뻔함을 놓치는것이다. 하이에크는 이 일화를 단지 학습장애로만 다루고 있다. 그러나 케인스의 문제는 그의 독일어 지식의 결함에만 국한되어 있지 않다! 하이에크의 말은 Margit von Mises, 《미제스와 함께 한 세월들》p.219에 수록된 F.A. Hayek, "미제스에 대한 헌사"(A Tribute to Ludwig von Mises)를 보라.

4   1920년대의 미제스: 정부의 경제조언가

미제스는 전쟁에서 복무를 마치고 돌아온 직후인 1918년에 경제학 세미나를 개최하는 등 무급 원외강사로서의 교직 생활을 재개했다. 그는 대학에서 봉급을 받는 자리가 막혔기 때문에 상공회의소에서 계속 일할 수밖에 없었다고 회고했다. 그 자신이 "정부내에서의 일자리를 바라지 않았다는" 사실, 강의를 해야 할 의무도 이행하고, 그리고 여가조차도 창조적인 학자가 되기 위해 바쳤어야 했음에도 불구하고, 미제스는 매우 철저하고 열정을 다해 그리고 신속하게 경제 관료로서 수많은 업무를 수행했다.[24] 전쟁 이후, 미제스는 상공회의소 직책 외에도 전쟁 이전의 부채를 취급하는 전후의 임시 정부 부서의 책임자로 채용되었다. 젊은 하이에크는 비록 대학에서 미제스의 수업을 듣고 있었지만, 해당 부서에서

---

24)   Mises, 《기록과 회상》 p.73.

미제스의 하급자로 일하면서 처음 안면을 트게 되었다. 하이에크가 쓰기를, "거기서 나는 미제스가 엄청나게 유능한 간부라는 점을 처음 알게 되었는데, 마치 존 스튜어트 밀처럼, 미제스는 종일 해야 하는 일을 두 시간만에 뚝딱 해치워버렸기 때문에, 항상 책상이 깨끗했으며 어떤 주제건 대화를 할 시간을 가질 수 있었다. 그래서 나는 그를 내가 아는 사람 중에서는 가장 잘 교육받고 능통한 사람 중 한 명이라고 받아들였다. …"[25]

수년이 지나고, 미제스가 그의 특유한 매력과 부드러운 재치를 여전히 간직한 채, 오스트리아 정부에 의해 그가 쿤(Bela Kun)이 통솔하는 헝가리의 단명한 볼셰비키 정권과의 무역회담 대표로 임명되었을 때의 이야기를 해주었다. 추후에 미국에서 잘 알려진 좌파 경제사학자가 된 폴라니(Karl Polanyi)가 쿤 정권의 대표였다. 미제스는 나에게 "폴라니와 나 둘 다 쿤 정권이 곧 무너질 것임을 알고 있었다"며, "그래서 우리는 '협상'을 확실하게 질질 끌었다. 그래서 폴라니 대표단이 비엔나에서 편안하게 머물 수 있도록 했다. 쿤 정권이 불가피한 최후를 맞을 때까지, 나와 폴라니는 비엔나에서 즐겁게 산책을 하곤 했다"고 말해주었다.[26]

헝가리만이 제1차 세계대전의 비극적이고 혼란스러운 여파 속에서 일시적으로 볼셰비키 정권의 지배를 받은 유일한 나라가 아니었다. 패망의 혼란 속에서, 중앙유럽과 동유럽의 많은 나라가 러시아의 볼셰비키 혁명의 모범을 따르고자 하는 유혹을 받았다. 독일의 일부 지역도 한동안 볼

---

25) Margit von Mises, 《미제스와 함께 한 세월들》 pp.219-220에 수록된 하이에크의 글을 보라.

26) 전쟁 발발 전 3년 동안, 미제스는 상공회의소에서 활동하면서 헝가리와의 무역 관계를 조사해왔고, 그럼으로써 그 자리에 걸맞는 역할을 했다. Mises, 《기록과 회상》 pp.75-76.

셰비키의 지배를 받았는데, 독일은 이전에는 마르크스주의 혁명에 헌신적이었지만 우경화된 사회민주당 우파 덕분에 이 운명을 모면할 수 있었다. 1918-19년의 비극적인 겨울 동안 여전히 연합국의 식량 봉쇄로 고통받고 있던, 새롭고 분열된 작은 나라 오스트리아에서도 비슷한 일이 스쳐지나갔다. 영특한 '오스트로-마르크스주의자' 이론가인 바우어(Otto Bauer)가 이끄는 마르크스주의 사회민주당이 오스트리아의 정권을 잡았다. 진지하게 말하자면, 오스트리아의 운명은 바우어에게 걸려있었다.

북부 보헤미아에서 부유한 제조업자의 아들로 태어난 바우어는, 고등학교 선생님에 의해 마르크스주의를 받아들였고, 급진적인 마르크스주의 대의를 위해 열성적으로, 결코 흔들리지 않고 평생을 바쳤다. 그는 과거의 많은 마르크스주의자가 과거에 그랬던 것처럼(그리고 미래에도 계속해서 그럴 것처럼) 어떤 형태의 수정주의나 기회주의이건 그것에다 대의를 포기하는 일을 하지 않겠다고 결심했다. 바우어는 뵘바베르크의 위대한 세미나에 참가하였는데, 뵘바베르크의 유명한 마르크스주의 노동가치론 타파에 대한 마르크스주의의 결정적인 반박문을 쓰기 위해 그가 얻게 될 지식을 사용하려고 결심했기 때문이다. 세미나가 진행되면서 바우어와 미제스는 친한 친구가 되었다. 바우어는 노동가치론은 정말 지지가 불가능한 것임을 사실상 미제스에게 인정하면서, 반박문 작성 시도를 결국 포기하였다.

이제, 바우어가 오스트리아를 볼셰비키 진영에 편입시키고자 하는 계획을 세우고 있는 가운데, 미제스는 정부의 경제고문으로서, 그리고 무엇보다도 자신의 나라의 시민이자 자유의 투사로서, 매일 밤마다 바우어 및 바우어 못지 않게 헌신적인 마르크스주의자 부인 굼플로비츠(Helene Gumplowicz)와 긴밀한 대화를 나누었다. 미제스는 오스트리아가 식량이 턱없이 부족한 상황에서 비엔나에 볼셰비키가 정권을 잡는다면, 필연적으로 연합국에 의한 식량공급이 중단될 것이고, 그 뒤에 이어지는 굶주림 속에서 볼셰비키 정권은 2주 이상을 버틸 수 없으리라 지적했다. 마침내, 바우어 부부는 이 논란의 여지가 없는 사실에 마지못해 설득당했고, 결코 하지 않겠다고 맹세했던 일을 하고 말았다. 바로 우파로 전향하여 볼셰비키의 대의를 배반하는 것이다.

이후 급진적인 마르크스주의자들에게서 반역자라는 비난을 받는 바우어 부부는, 그들의 주장에 따르면 그들의 행동에 책임이 있는 사람, 바로 미제스에게 분노의 화살을 돌렸다. 바우어는 미제스를 대학교 강사직에서 해고시키려 시도했고, 그때부터 그들은 다시는 서로 말을 하지 않았다. 흥미롭게도, 미제스는 자신이 볼셰비키 정권 탈취를 단독으로 막았다며 자신만의 온전한 공로를 주장한다. 그는 자신이 헌신적으로 반대할 때 보수주의 정당, 가톨릭 교회, 기업, 또는 경영단체로부터 도움을 받지 못했다고도 말한다. 미제스가 씁쓸하게 회상하기를:

> 모두가 볼셰비즘의 도래를 필연적이라며 확신하고 있었기 때문에, 단지 새로운 질서에서 유리한 위치를 확보하는 데만 열중하고 있었다. 가톨릭교회와 그 추종세력인 기독교사회당은, 20년 후 대주교와 주교들이 나치당을 환영했던 것과 같은 열정을 가지고 볼셰비즘을 환영할 준비가 되어 있었다. 은행 이사들과 대기업들은

볼셰비즘 하에서 '관리자'로서 좋은 삶을 살기를 희망했다.[27]

　미제스가 오스트리아에서 볼셰비즘을 막는 데 성공했다면, 정부의 경제보좌관으로서 그가 전후 은행의 신용 인플레이션과 싸운 것은 둘째로 큰 과제이자 부분적인 성공에 불과한 것이 된다. 화폐와 은행에 대한 뛰어난 통찰력과 전문지식으로 무장한 미제스는, 역사의 흐름을 맞서는데 그리고 제1차 세계대전 동안 전쟁 중인 모든 유럽국가가 금본위제를 완전히 포기함으로써 완전히 고삐가 풀리고 만 요구, 즉 인플레이션과 저금리정책의 대유행을 중단시키는데, 이례적으로 잘 준비된 인물이었다.

　저금리정책과 인플레이션을 반대하고, 모든 은행권 팽창의 중단과 균형예산을 요구하는, 고맙다는 말도 못듣는 일을 하면서, 미제스는 멩거의 옛 제자이자, 저명한 변호사이고, 또 금융 전문가이기도 한 친구 로젠베르크(Wilhelm Rosenberg)의 도움을 받았다. 독일이 1923년에 처참한 인플레이션에 황폐화되었지만 오스트리아는 그 전철을 밟지 않았던 이유가 미제스와 로젠베르크 덕분이다. 그러나 미제스와 로젠베르크는 인플레이션의 영향을 제거하지는 못했고, 둔화시키고 지연시키는 데만 성공했다. 그들의 영웅적인 노력 덕분에, 오스트리아 크로네는, 비록 1922년에 1개의 금 크로네 당 14,400장의 종이 크로네 비율로 엄청나게 가치

---

27)　미제스가 참석한 자리에서, 오스트리아 최고의 산업 경영자로 유명한 한 남자와, 오스트리아 최고의 은행이었던 토지신용은행(Bodenkreditanstalt)의 산업 컨설턴트는, 자신이 주주를 섬기는 것보다 '인민'을 섬기는 것을 정말로 더 좋아한다며 바우어에게 확인시켜주었다. Mises, 《기록과 회상》의 p.18, pp.16-19, 그리고 p.77를 보라. 1931년 토지신용은행의 파산은 유럽의 은행위기와 대공황을 촉발시켰다.

가 떨어졌지만, 아직 통제불가능한 정도는 아닌 정도로 상황이 안정되었다. 그러나, 미제스는 "승리가 너무나 늦게 왔다"고 썼다. 인플레이션의 파괴적인 결과는 계속되었고, 자본은 인플레이션과 복지국가 계획에 의해 소비되었으며, 미제스의 노력 덕분에 10년 정도 지연되기는 했지만, 1931년에 마침내 은행의 붕괴가 도래했다.

미제스와 로젠베르크는 인플레이션에 맞서는 변함없는 투쟁을 계속하기 위해 정치적인 동맹을 할 만한 세력을 찾았고, 기독교사회당과 당 대표인 자이펠(Ignaz Seipel) 신부의 지지를 확보하는 데 가까스로 성공했다. 1922년에 자이펠이 크로네를 안정화하는 데 동의하기 직전, 미제스와 로젠베르크는 인플레이션을 중단시키려는 모든 시도가 일시적으로 '안정화에 의한 경기침체'(stabilization recession)를 가져올 것이고, 불가피한 경기침체가 발생했을 때 대중이 가질 불만에 대비해야 한다고 경고했다. 불행하게도, 기독교사회당은 재정과 관련된 문제를 우호적인 정치인과 사업가들에게 특권으로 경부 계약을 체결하도록 뒤를 봐주었던 부패한 사람인 변호사 쿤발트(Gottfried Kunwald)에게 재정과 관련된 문제를 맡겼다. 사석에서 쿤발트는 미제스의 말이 옳고, 안정화 이후 인플레이션 정책의 지속이 재앙으로 이어질 것이라 보았지만, 미제스가 정부의 경제학자로서 은행의 상황에 대해 대중이나 외국시장에 겁을 주지 않기 위해 현실에 대해 침묵해야 한다고 주장했다. 쿤발트는 그의 고객들을 위한 사업면허 발급 및 정부 계약 체결에서의 영향력을 잃고 싶지 않았다. 미제스는 실로 엄청나게 압박받는 상황의 한복판에 있었다. 1926년, 미제스는 오스트리아 경기변동연구소를 설립했다. 4년 후, 미제스는 오스트리아의 경제난을 조사하기 위한 위신도 있는 정부 경제위원회의 위원이 되었다. 미제스가 위원회에 보고서를 내도록 했을 때, 은행들이 붕괴 직전에 있고 오스트리아는 끔찍하게도 자본금을 소비하고 있다는 점이 분명하게 드러났다. 물론 은행들은 위원회나 그의 연구소가 보고서를 발간하여 자신들의 간당간당한 입지들을 위태롭게 만드는 것을 반대했다. 미제스는 과학적 진리에 대한 헌신과 가능한 한 현존하는 체제를 오래 존속시켜야 하는 그의 책무 사이에서 가슴이 찢어졌다. 그래서 그는 타협책으로, 위원회와 연구소가 이 보고서를 출판하지 않고, 그 대신에 연구소의 소장이었던 모르겐슈테른(Oskar Morgenstern)의 개인 명의로 불리해질 수 있는 보고서를 내자는 데 동의했다.

이토록 무력하게 만드는 압력 속에서, 절망한 로젠베르크가 요절한 것은 이상한 일이 아니었다. 그러나 미제스는 용감하게 싸웠고, 1931년에 오스트리아 은행들이 불가피한 파산의 운명을 맞이했을 때, 그것은 미제스에게도 투쟁의 의무를 면제해주었을 것 같다.[28]

미제스의 한 마디 한 마디는 그의 인플레이션과의 싸움에 적용된다. 이는 그 말들이 결국 나치의 오스트리아 합병으로 이어진 것과 오랫동안 싸워왔지만 실패했던 투쟁에도 확연하게 적용되는 것과 같다:

---

28) Mises, 《기록과 회상》 pp.77-83. 미제스는 화폐와 은행에 대한 자신의 명성을 고려하며, 몇몇 큰 은행들이 이사직을 제안했다고 쓰고 있다. 그는 "1921년까지, 나는 그들이 내 조언을 지킬 것이라는 확신을 주지 못한다는 이유로 그 제안을 항상 거절했다. 1921년 이후, 나는 모든 은행이 부실하고 돌이킬 수 없을 정도로 손상을 입었다고 생각했기에 (그 제안을) 거부했다. 일어난 사건들은 내 생각들이 옳았음을 입증했다"고 덧붙였다. 앞의 책, p.73.

지난 16년 동안, 나는 상공회의소에서 전투를 치렀는데, 그 전투는 단지 대재앙을 지연시키는 것에서 이긴데 불과했다. 나는 성공이 불가능할 것이라 늘 예상했음에도 무거운 개인적인 희생을 치렀다. 나는 내가 불가능한 것을 시도했음을 후회하지 않는다. 나는 달리 행동할 수 없었다. 나는 다른 어떤 것을 할 수 없기 때문에 싸워야만 했다.[29]

미제스는 종종 고집스럽고 비타협적이라는 비난을 받았다. 그러나 회고에서 지나가면서 한 말에서, 미제스는 정부의 경제조언가로서의 자신의 경력을 돌이켜 보고 정반대의 실수를 저질렀다고 스스로 자책했는데, 그것은 너무 많은 타협을 하고 말았다는 것이다:

때때로 나는 내 주장을 너무 직설적이고 고집스럽게 하였다며 비난을 받았고, 내가 좀 더 타협할 용의를 보였더라면 더 많은 것을 이룰 수 있었을 것이라는 말을 자주 들었다. … 나는 그 비난이 정당하지 않다고 느꼈다. 나는 내가 본 그대로 상황을 진실하게 제시해야만 효과가 있으리라 생각했다. 상공회의소에서의 활동을 오늘 돌이켜 본다면, 나는 타협하려고 했던 나의 의지만 후회할 뿐, 나의 비타협적인 태도는 결코 후회하지 않는다. 나는 다른 중요한 문제들을 구할 수 있다면 중요하지 않은 문제에서는 항상 양보할 준비가 되어 있었다. 때때로 나는 내 입장을 대변하지 않는

---

29) Mises, 《기록과 회상》 pp.91-92.

진술이 포함된 보고서에도 서명함으로써 지적 타협을 하기도 했다. 이것이 내가 중요하다고 생각하는 사안에 대해 의회나 대중에게 승인을 받을 수 있는 유일한 방법이라고 여겼다.[30]

---

30) Mises, 《기록과 회상》 p.74.

5

1920년대의 미제스: 학자 그리고 창조자

    제1차 세계 대전 도중 그리고 이후 동업조합주의 정서의 성장과 함께, 볼세비키 혁명은 공상적인 전망 내지 목표로 여겨지던 사회주의를 확산 일로의 현실로 변화시켰다. 미제스가 그의 마음의 위대한 탐조등을 그 문제에 비추기 이전에는, 사회주의 비판은 엄밀히 말해 도덕적이거나 정치적인 것으로서, 사회주의가 막대한 강제를 사용하는 것에 중점을 두고 있었다. 혹은, 경제학적 비판이 있었다고 해도, 그것은 (흔히 조롱조로 표현되듯이, "사회주의하에서는 누가 쓰레기를 치울 것인가?"와 같은) 공동체적이고 집합적인 소유에 대한 유인 효과가 거의 없다는 데 초점을 맞추어왔다. 그러나 미제스는 1919년에 경제학회(Nationalokonomisch Gesellschaft)에 제출한 논문에서 이 문제를 강조하면서, 사회주의 하에서는 경제계산이 불가능하다는 가장 항거하기 어려운 논리를 제시하였다. 미제스의 논문은 다음 해에 「사회주의 체제에서의 경제계산」으로 출판되었다. 그것은 생각할 줄 아는 사회주의자들에게는 정말로 충격적이었는데, 왜냐하면 미제스는 사회주의 계획위원회가 생산수단에 대한 순수한 가격체계와는 유리될 것이기 때문에, 경제 계획가들도 비용들, 이윤가능성, 혹은 이 자원들의 생산성을 합리적으로 계산해낼 수 없을 것이고, 그리하여 현대의 복잡한 경제 속에서 자원들을 합리적으로 배분해낼 수도 없다는 점을 입증하였기 때문이다. 미제스의 주장은 사회주의를 사회주의자들이 동의하는 것들로 파괴했기 때문에 기절초풍할 충격을 가했다. 사회주의의 중대한 목적은 중앙계획가들이 상정한 목표를 달성하기 위해 자원을 배분하는 것이다. 그러나 미제스가 보여주었던 것은 계획가들의 목표가 공공선(public good)과 일치할 것인가 여부와 같은 시끌벅적하게 논의되는 문제를 제쳐놓는다 하더라도, 사회주의가 소비자들의 혹은 대중의 이익이라는 목표는 고사하고 계획가들로 하여금 그들 자신의 목표들조차 합리적으로 이루는 것을 허용치 않을 것이라는 점이다. 왜냐하면 합리적 계획화 그리고 자원의 분배라는 것이 경제계산을 수행해낼 능력을 필요로 하는데, 그때 그러한 계산은 (소유의 권리증서가 사유재산 소유자에 의해 교환되는) 자유시장에서 정해질 자원가격들을 요구하기 때문이다. 그러나 사회주의 특징 자체가 인적요소를 제외한 모든 생산수단(토지와 자본)에 대해 정부소유 혹은 집합소유(혹은 최소한 통제)를 하는 것이기 때문에, 이것이 의미하는 것은 [교환 속에서 형성된 가격을 알리 없는] 사회주의가 계산을 해낼 수 없을 것이고 따라서 현대의 경제체제도 합리적으로 계획해내지 못하리라는 것이다.

한 명 또 한 명 사회주의자들이 미제스가 제시한 문제를 풀려고 애를 썼던 것에서 알 수 있듯이, 미제스의 심오한 논문은 유럽 사회주의자들,

특히 독일어권 나라들의 사회주의자들에게 20여 년간 초대형 충격을 주었다. 1930년대 후반이 되자 사회주의자들은 그 문제를 풀었다고 확신했는데, 그것은 엄청나게 비현실적인 신고전학파의 완전경쟁 내지 일반균형 가정인 수학적 경제학을 사용함으로써, 그리고 (특히 랑게와 러너(Abba P. Lerner)의 안에서) 중앙계획위원회가 사회주의 기업들의 여러 경영자들에게 시장에서 시장가격으로 '놀이를 하라는'(play at) 명령을 하는 방안이었다. 미제스는 그의 주장을 학술지 논문에서 그리고 그의 포괄적인 비판서인 1922년 발간된《사회주의》에서 계속 확장해나갔다. 시발점이 된 그의 논문은 결국 1935년에 영어로 번역되었고, 1년 후 그의《사회주의》도 번역되었으며, 하이에크도 세련되고 발전된 것들을 가지고 가세했다. 마침내 미제스는 1949년 그의 기념비적 저작인《인간행동》에서 사회주의자에게 최종적인 논박을 해냈다.

비록 (사회주의가 지식인들 사이에서 승리했던 때인) 1940년대에 공식적인 교과서 계통에서는 미제스가 제기했던 중대 문제를 랑게와 러너가 해결하였다고 선언하였지만, 최후에 웃었던 쪽은 미제스와 자유시장이었다. 미제스와 하이에크가 옳았고, 실제로 일어난 사회주의 계획화의 중대한 결함이 그들의 견해와 맞아 떨어졌다는 점은 지금[1988년]은 일반적으로, 특히 공산주의 나라에서도 받아들여지고 있다. 사실상 모든 공산국가에서 자유시장을 향한 움직임이 빠르게 일어나고 있고, 심지어 주식시장, 즉 개인소유권 권리증서 시장 역시 다시 설립되는 움직임이 일어나고 있다. 그러는 동안에도, 가혹한 사회주의 현실에서 멀리 떨어져 있던 서구의 사회주의 지식인들은 문제를 회피했는데, 그 방법은 합리적 분배와 계산이라는 목적 자체를 전면적으로 거부하는 것, 그리고 직감과 비합리성이 사회주의의 핵심이자 영광이라고 말하는 것이었다.

　이후의 미제스의 논증의 핵심과 본질은, 모두 그의 1920년작 원래 저널 논문에 암시되고 집약되어 있다. 현대 오스트리아학파 내부에서는, 미제스와 사회주의자들 사이의 결정적인 차이를, 기업가적 불확실성을 강조하는 미제스의 입장과, 완벽한 지식과 일반균형에 대한 사회주의자의 입장의 대립이라고 말하는 것이 유행이다. 하지만 이것은 미제스의 설명이 아니었다. 미제스는《화폐와 신용의 이론》에서의 그의 연구를 통하여, 사회주의 계산 문제를 생각해보게 되었다고 말한다.《화폐와 신용의 이론》을 쓰면서 미제스가 아주 명확하게 처음으로 깨달았던 것은, 화폐경제가 직접 가치를 계산하거나 측정할 수 없다는 것을, 화폐경제가 단지 개인의 가치평가의 결과인 화폐가격으로만 계산한다는 것이다. 따라서, 미제스는 민간 소유자들의 평가와 교환에 기초한, 화폐적 시장만이 자원을 합리적으로 분배할 수 있음을 깨달았다. 그 이유는 정부가 직접 가치를 계산할 수 있는 방법은 없기 때문이다. 따라서, 사회주의에 대한 미제스의 논문과 책은, 그가《화폐와 신용의 이론》에서 시작했지만 완성하지는 못했던, 미시교환, 거시교환, 직접교환, 그리고 화폐교환에 대한 확장된 통합의 일부분이다. 그리하여, 하이에크가 이후에 분산된 지식과 기업가적 혁신에 대하여 강조한 것은 미제스의 중심적 요점에 관한 중대한 주석이자 정교화였지만, 그럼에도 결코 사회주의 계산논쟁의 중심적 문제는 아니었다. 미제스의 중심적 요점은, 자원, 가치, 기술 같은 것들이 주어진다고 해도, 그리고 그것들의 변화를 추상화한다고 해도, 사유재산과 자유시장이 부재한 사회주의는 계산하거나 자원을 합리적으로 배분할 수 없다는 것이다. 물론, 더 나아가, 사회주의는 변화하는 현실세계에서는 확실히 그런 일을 할 수 없다. 따라서, 미제스가 사회주의자들을 다음과 같이 기각했다는 점을, 현대 오스트리아학파가 불확실성에만 배타적으로 초점을 맞춘 것과 비교해보라:

그들[사회주의자들]은 바로 그 첫 번째 문제제기를 알아차리지 못했다: 언제나 선호와 제쳐두기로 이루어진, 즉 불평등한 가치평가로 이루어진 경제적 행동이, 방정식의 사용에 의해서 동등한 가치평가로 어떻게 변형될 수 있는가? 그래서 사회주의를 옹호하는 사람들은 인간의 행동이 제거된 모습을 그려내면서 시장경제에서의 화폐적 계산을 수학적 교환학(catallactics)의 방정식으로 대체하려는 터무니 없는 권고안을 내놓기에 이르렀다.[31] [32]

미제스의 저서《사회주의》는 1920년대와 1930년대 동안 사회주의자들에게 심오한 의문을 제기했을 뿐만 아니라, 수 많은 젊은 사회주의 지식인들을 자유와 자유시장의 대의로 전향시키는 데 큰 영향을 미쳤다. 영리한 젊은 사회주의자들, 예컨대 하이에크, 독일의 뢰프케, 잉글랜드의 로빈스 등이《사회주의》에 의하여 전향하게 되었고, 여러 해 동안 미제

---

31) Mises,《기록과 회상》p.112. 미제스가 첫 번째 논문을 쓸 때부터 그 주장에서 기업가적 불확실성을 중심으로 보았다는 라브와(Don Lavoie)의 설명과 대조적으로, 커즈너(Israel Kirzner)는 첫 번째 논문에는 더 '정태적인' 균형(static equilibrium) 주장을 중심으로 한 초점의 이동을 정확하게 보고 있다. 불행하게도, 커즈너는 미제스 이후에 불확실성과 변화에 대해 강조한 것을 두고 원래의 주장을 다듬은 것이라기보다는 개선(improvement)으로 간주하는데 그 이유는 그가 균형에서 더 동태적인 고려사항들로 이동했다고 보았기 때문이다. 그래서, 커즈너는 미제스 본인이 본래 '정태적인' 것에 초점을 둔 것의 절대적인 중심성을 놓치고 있다. 미제스가 초점을 정태적인 것에 중점을 두었던 것이야말로 (불확실성 조건들 하에서 뿐만 아니라 주어진 조건들 하에서) 미제스의 사회주의의 경제계산에 대한 불가능성을 나중에 하이에크의 또는 후대의 커즈너의 사회주의에 대한 반대 주장보다 훨씬 더 강력하게 만들고 있다.
미제스의 첫 번째 논문은 F.A. Hayek, ed.,《집단주의 경제계획》에 수록되어 있고, 그의 더 최근의 생각은《인간행동》pp.694-711을 참고하라. 라브와의 견해들은 그의《경쟁과 중앙계획》(Rivalry and Central Planning, Cambridge: Cambridge University Press, 1985)에 있다. 커즈너의 경우, Israel M. Kirzner, "경제계산논쟁: 오스트리아학파를 위한 교훈"(The Economic Calculation Debate: Lessons for Austrians),《오스트리아학파 경제학 리뷰》(The Review of Austrian Economics) 제2호 (1987년), pp.1-18을 참조하라. 사회주의 계산논쟁에 관한 최고이자 가장 포괄적인 저작은 여전히 Trygve J.B. Hoff,《사회주의 사회에서의 경제계산》(Economic Calculation in the Socialist Society, London William Hodge & Co., 1949)이다.

32) 이러한 결론은 살레르노(Joseph Salerno) 교수에 의해 강화되는데, 살레르노는 하이에크의 기여가 겉보기에는 미제스의 기여보다 더 역동적이기는 하지만, 실제로는 기업가정신을 거의 완전하게 무시하기 때문에 미제스보다 훨씬 더 정적이라고 결론지었다. 경제적 행위자에 대한 하이에크의 생각은, 기업가적 평가자와 예측자 대신에 수동적인 정보의 수령인들에 가깝다. "살레르노 교수와의 대화"(Conversations with Professor Salerno).

스의 추종자이자 제자가 되었다.[33]

1920년대 동안, 미제스는 또한《화폐와 신용의 이론》에서 화폐를 일반적인 미시경제학에 통합시킴으로써 나오게 된 그의 경기변동이론도 계속 발전시켰다. 학술지 논문 및 책들을 통해, 그는 자신의 이론을 확장하였고, 그 시대에 만연했던 인플레이션을 일으키는 신용정책에 대하여 경고했고, 1920년대의 신시대에 인기있었던 경제학자 피셔가 제시한 통화주의자의 안정화 정책의 원형에 대한 신랄한 비판을 전개하였다. 예컨대, 피셔와 그의 제자들은, 미국의 가격수준이 일정하게 유지되었기 때문에 1920년대가 번영하였다고 주장했다. 그러나, 미제스가 보기에는 생산성 향상에 의해 야기된 가격수준이 중요한 점을 가리고 말았다: 인플레이션적인 신용이 자본투자에서 그리고 자본 소유권에 대한 시장에서, 즉 주식시장과 부동산에서 건전하지 못한 호황을 창출하고 있었다. 재정붕괴 및 침체에 대한 미제스의 경고는 당시엔 일반적으로 냉소의 대상이었지만, 1929년 이후에 비로소 상기되었다.[34]

미제스는 초기 연구를 통해 정부간섭이 거의 항상 역효과를 낸다는 것을 배웠고, 화폐와 경기변동에 대한 탐구를 통해 이 통찰을 크게 확신했고 강화하였다. 1920년대의 일련의 논문들을 통해 미제스는 다양한 형태의 정부간섭을 연구했고, 그것들이 모두 효과가 없고 역효과만 낸다는

---

33) 미제스의《사회주의》가 자신과 그의 세대에 미치는 엄청난 영향에 대해, Margit von Mises,《미제스와 함께 한 세월들》pp.220-221에 수록된 하이에크의 글을 보라.

34) 1920년대와 1930년대 초의 미제스의 가장 중요한 경기변동이론 저술들은 영어 번역 후 Mises,《화폐와 신용의 조작에 관하여》로 출판되었다.

것을 보여주었다. (그 논문들은 1929년에 《간섭주의 비판》이라는 책으로 출판되었다.)
사실, 미제스는 정부가 문제를 풀기 위해서 경제에 간섭할 때마다 그것
이 언제나 본래의 문제를 풀지 못하는 것으로 끝날 뿐만 아니라, 추가적
인 정부 간섭을 요구하는 하나 혹은 둘 이상의 새로운 문제들을 만들어
내는 것으로 끝나게 된다는 일반 법칙에 도달하였다. 이런 식으로, 그는
정부간섭주의 혹은 '혼합경제'(mixed economy)가 불안정함을 보여주었다.
각각의 간섭은 오로지 새로운 문제들을 창출할 뿐인데, 그 때 정부가 본
래의 간섭을 무효로 할 것인지, 아니면 새로운 간섭으로 나아갈 것인지
의 선택에 직면하게 된다. 이런 식으로 정부간섭은 논리적으로 반간섭주
의로 되돌아가든지 아니면 완전한 사회주의로 나아가든지 해야 하는 안
정적이지 못한 체제이다.

　　그러나 미제스는 사회주의에 대한 연구로부터 사회주의체제가 경제계
산에 필수적인 가격체제를 결여하고 있기에 현대 세계에서는 '실현불가
능'이라는 것, 따라서 현대 산업경제를 운영하는 것도 '실현불가능'하다
는 것을 알았다. 그러나 만일 간섭주의가 안정적이지 못하고, 사회주의
가 실현불가능이라면, 현대 산업사회에 맞는 유일하게 논리적인 경제정
책은 반간섭주의적 자유주의이다. 미제스는 따라서 오스트리아학파의
선각자들이 시장경제에 덜 몰입했던 것을 반성하며 반간섭주의를 논리
적이고 일관성있게 그리고 비타협적으로 고수하였다. 이러한 통찰을 견
지하면서, 미제스는 포괄적인 그의 저작이자, '고전적' 혹은 반간섭주의
적 자유주의에 관한 책, 《자유주의》를 1927년에 출판했다.

　　따라서, 미제스는 아직 경제학에 대한 포괄적인 저술을 완성하지는 못

했지만, 1920년대 말에, 아직 발전하고 있던 그의 거대한 체계 중에서 철저하고 완성된 정치경제학 부분을 단련시켰다. 반간섭주의, 간섭주의, 그리고 사회주의는 이제 세부적으로도 비교 및 대조가 가능해졌고, 미제스는 반간섭주의에 열정적으로 헌신했다. 그러한 헌신을 강화시킨 것은 그가 《사회주의》에서 이미 밝힌 통찰이었다: 분업과 그것에 수반되는 것, 즉 사유재산과 교환의 자유가 문명에도 사회 그 자체에도 절대적인 기초라는 것이다. 미제스가 지속적으로 옹호했던 것 그리고 정치경제학의 다른 학파들이 훼손하려고 자주 시도했던 것은, 결국 문명을 유지하기 위해서도 현대사회의 급증한 인구를 지탱하는 경제를 유지하기 위해서도 정말 필요한 조건이다.

사회와 분업에 대한 그의 웅변적인 논의를 하면서, 그리고 스펜서를 따라 산업주의의 원리와 군국주의 원리를 대조하면서, 즉 구매자와 판매자, 고용주와 노동자 쌍방은 반드시 모든 교환에서 편익을 얻는다는 통찰을 세웠다. 미제스는 분업의 채택과 발전은 인간의 이성과 의지에 달려있다고, 또 교환에서 얻을 편익에 대한 인식에 달려있다고 결론짓는다. 인간의 이성과 의지에 대한 미제스의 강조는, 합리주의의 가장 고귀한 전통에 입각한 것으로서, 하이에크주의 혹은 스코틀랜드 계몽주의자들이 사회나 시장을 일종의 생물학적인 성향(tropism) 혹은 본능의 산물이라고 바라본 것과 뚜렷이 대비된다. 예컨대, 하이에크는 '자생적 질서'(spontaneous order)가 성향의 발현이거나 의도와 무관하게 출현한다는 것임을 강조했고, 스코틀랜드 계몽주의자였던 아담 스미스는 교환을 설명하면서 "인간의 본성에는 교역하고, 거래하고, 한 물품을 다른 것과 교

환하는 특정한 성향이 있다"며, 겉은 그럴싸하지만 사실 가짜인 설명을 꾸며냈다.[35]

실제로, 하이에크는 미제스가 사망하고 몇 년이 지나 재출판된《사회주의》의 서문을 쓸 기회를 얻게 되자, 기회를 놓치지 않았다. 20년 전에 미제스가 살아있었을 적에 하이에크는 출판 기념 만찬에서 미제스에게 순수한 찬사를 바쳤지만,《사회주의》재판본 서문에서 하이에크는 자신의 입장을 크게 바꾸었다. 새로운 서문에서, 하이에크는 미제스가《사회주의》에서 "사회적 협력(특히 시장경제)은 합리적으로 인지된 효용의 발현"이라고 언급한 것에 대해, [미제스가 가졌던] '극단적 합리주의'(extreme rationalism)를 보여주는 사례이며, 실제로는 부정확한 것이라고 혹독하게 비판했다. 그는 이어서 미제스가 '구 세대의 산물'였기에 그러한 합리주의로부터 '벗어날 수 없었다'는 모욕적인 '설명'을 계속했다. 이러한 진술은 기묘하기 짝이 없는데 왜냐하면 미제스가 살았던 시대는 사실 비합리주의가 그 어느 때보다도 만연했던 시대였기 때문이다. 미제스와는 대조적으로, 하이에크는 "시장경제의 확산을 이끈 것은 확실히 시장경제의 일반적인 이익에 대한 합리적인 통찰때문이 아니었다"고 강하게 주장한다. 그런데 그 통찰 때문이 아니었다면, 애초에 시장경제가 어떻게 수립되었다는 말인가? 각각의 개인적인 교환에 있어, 교환당사자가 편익을 얻을 수 있음을 의식적으로 그리고 그리고 '합리적으로' 알지 못하는 한, 그는 결코 교환에 관여하지 않을 것이다. 또 전체로서의 시장경제에 대

---

35) 이 점에 대하여, Mises,《사회주의》pp.289-313 를 보라. 이 구절에 관심을 갖도록 도와준 살레르노 교수에게 감사를 표한다.

해서 고려한다 하더라도, 자신의 초기 저서에서 사상(ideas)이 역사를 만든다고 공식적으로 선언하였던, 하이에크는 자유시장이 어떻게 생겨났는지를 설명하는데 실패했다. 더욱이, 그렇게 함으로써 하이에크는 자유와 자유시장을 위해 헌신한 2세기에 걸친 서유럽과 미국의 고전적 자유주의 운동도 무시하였다. 미제스주의 사상의 핵심에 있는 '인간행동학적' 통찰, 즉 모든 인간의 행동은 개인의 가치와 사상에 의해 결정된다는 근본적인 점을 무시함에 따라, 하이에크는 비록 명시적으로 선언하지는 않았지만 인간존재는 의식적인 행위자이자 선택자가 아니고, 단지 성향을 가진 자극과 반사 메커니즘이라는 믿음을 가질 뿐이었다. [36] [37]

놀랍게도, 1920년대에 걸친 학계에 대한 그리고 경제학에 대한 미제스의 심오한 기여의 범위는 결코 여기서 그치지 않는다. 초기부터 미제스

---

36) F.A. Hayek, "서문" Mises, 《사회주의》 pp.xxiii-xxiv. 이 구절에 관심을 갖게 도와준 호페(Hans-Hermann Hoppe) 교수에게 감사를 표한다. 미제스에 대한 하이에크의 1956년 헌사는 Margit von Mises, 《미제스와 함께 한 세월들》 pp.217-223 에 있고, 《사회주의》에 대한 그의 논의는 그 책의 pp.220-221 에 있다. 하이에크가 《사회주의》 제3부 제2장, "사회" pp.289-313에 있는 미제스의 완전한 합리주의적 표상에 대하여 반박하기는 커녕 언급조차 하지 않았다는 점은 참으로 기이하다.

37) 역주: 하이에크는 1930년대 후반부터 미제스의 (대륙 전통의) 합리주의 철학에서 이탈하여 경험주의 철학의 일부인 스코틀랜드 계몽주의를 대폭 받아들이는 방향으로 선회하였다. 이 책을 쓴 라스바드는 미제스의 합리주의 철학을 계승하는 후학 중 한 명이다. 하이에크는 대륙 합리주의가 (비현실적이고 잘못된) '구성주의적 합리주의'(constructivistic rationalism)이고, 영국 경험주의는 '진화론적 합리주의'(evolutionary rationalism)라고 명명하였다. 하이에크의 이러한 인식은 그의 여러 책에서 드러나지만 짧은 에세이인 "두 가지 유형의 개인주의"(Two Types of Individualism)에서 요약적으로 잘 나타난다. 반면에 합리주의 철학을 옹호하는 문헌으로, 미제스 본인이 저술한 여러 인식론 서적들, 라스바드의 "극단적 '선험주의'를 옹호하며"(In Defense of "Extreme Apriorism"), 그리고 호페의 "인간행동학과 경제과학"(Praxeology and Economic Science)이 있다. 이 문헌들 모두 미국 미제스 연구소 홈페이지에서 무료로 열람할 수 있다.

는 독일에서 지배적이었던 역사학파의 경제학에 대항하고 도전해왔다. 역사학파는 초월적인(transcending) 경제법칙이란 있을 수 없고 단지 개별적인 시공간 환경에 대한 단순한 묘사만 있을 뿐이라는 주장이 특징이다. 따라서 유일하게 정당한 경제학은 이론이 아니라 오직 역사를 검토하는 것일 뿐이라는 주장이 특징이다. 정치적으로 이것이 의미하는 바는, 정부가 위배할 수밖에 없는 불편하기 짝이 없는 경제학 법칙, 즉 정부조치가 역효과를 낼 수밖에 없다는 불편한 진실을 말해주는 경제법칙이란 없다는 것이다.

역사학파의 수장인 베를린 대학교의 슈몰러가 독일 학계의 기능이 '호엔촐레른 왕가의 지적 경호대'를 만드는 것이라고 선언한 것은 놀랄 일이 아니다. 1920년대에, 역사학파의 곁가지이지만 역사학파의 학문 혹은 지적인 기초가 결여된 학파인 제도주의가 미국에서 지배적으로 되었다. 미제스가 세미나에서 이들을 '반경제학자'(anti-economists)라고 언급한 것은 확실히 옳았다. 그에 더해서, 미제스는 오스트리아학파와 많은 고전학파 경제학자들(세(Jean-Baptiste Say)와 시니어(Nassau William Senior) 등)에 의해 관습적으로 사용되었던 경제학 방법론이, 그의 고향인 비엔나에서 새롭게 등장한 집단인 논리실증주의자들(logical positivist)에 의해서도 다른 이유로 공격받는 것을 목도했다. 정말이지, 루트비히의 2년 아래 친동생인 수학자 겸 항공기술자인 리하르트 폰 미제스(Richard von Mises)가 이 '비엔나 모임'의 지도적인 회원이 되었다. 게다가, 미제스의 세미나에서 헌신적인 학생 중 한 명이었던 카우프만(Felix Kaufmann)은, 후에 실증주의적 사회과학 방법론을 저술했다. 이 비엔나 모임은, 혹은 그들의 지도자의 이름을 딴 '슐릭 모임'(Schlick Circle)은, 수는 적지만 비엔나 철학계에서 점점 우세해졌고, 추후에 미국 학계의 최고 자리로 이주하고 나서는, 제2차 세계대전 이후 수십 년 동안 사실상 미국 철학계를 완전하게 지배하였다.[38]

논리실증주의자들과 그들의 영향에 대하여, 미제스가 나에게 들려준 이야기는 그의 특유한 재치와 매력을 보여준다. 미제스는 그의 좋은 친구인 독일 철학자 셸러(Max Scheler)와 함께 비엔나를 걷고 있었다.

"엄청나게 많은 멍청한 논리실증주의자들을 길러내는 이 도시의 분위기가 도대체 뭐지?" 하며 셸러가 미제스에게 손을 흔들었다.

미제스가 답했다. "음, 막스. 비엔나에는 2백만 명이나 되는 사람들이 살고 있어. 논리실증주의자들은 겨우 12명 뿐이야. 아마 분위기가 문제는 아닐거야."

논리실증주의자들도 경제학 이론에 대한 중대한 도전을 했는데, 그들은 경제학 법칙이 [가설로서] 잠정적으로 확실하지 않은 채 수립될 수 있

---

38) 비엔나 모임에는 카우프만과 리하르트 폰 미제스 외에도, 그들의 수장인 슐릭(Moritz J. Schlick), 노이라트(Otto Neurath), 카르납(Rudoff Carnap), 햄펠(Carl C. Hempel), 파이글(Herbert Feigl), 베르그만(Gustav Bergmann) 등도 포함되어있었다. 그들과 가까운 동료들, 그리고 비엔나 모임은 아니고 자신들만의 모임이 있었던 논리실증주의자로는 비트겐슈타인(Ludwig Wittgenstein)과 포퍼(Karl Popper)가 있었다. (광신적인 포퍼주의자들은 실증주의자와 포퍼 사이의 엄청난 차이를 주장하지만, 필자의 관점에서 볼 때 이 둘은 거의 차이가 없다.)

두 미제스 형제는 어린 나이에 이미 소원해진 것 같다. 그들은 1938년에 루트비히가 결혼한 이후 공식적으로 화해했지만, 결코 친하진 못했다. 한번은, 리하르트의 책 《실증주의》(Positivism)가 출판되었을 때, 나는 루트비히에게 그의 형제의 책에 대해 어떻게 생각하는지 물었다. 루트비히는 "나는 그 책에 대해 동의하지 않는다"며, "첫 문장부터 마지막 문장까지"라고 단호한 어투로 말했다. 더 이상의 질문을 허용하는 어조가 아니었다.

고, 경험적 (실천적으로는 통계적) 사실에 의해서 이러한 법칙들을 '검증'할 수 있다고 주장하였다. 물리과학의 방법들에 대한 그들 자신의 해석에 근거하여, 실증주의자들은 그들이 '비과학적'이라고 보았던 방법론들을 추방하려고 했다.

경제학 이론에 대한 제도주의자들의 맹공격, 그리고 특히 실증주의자들의 맹공격 때문에 미제스는 경제학의 방법론에 대해, 인간행동의 과학의 기초적 인식론에 대해 깊이 생각하게 되었다. 그는 초기 오스트리아학파와 고전학파들이 사용했던 경제학 방법론을 처음에는 철학 면에서 의식적으로 방어하자는 결론에 도달하였다. 더 나아가 그는 이 올바른 방법론이 진정 '과학적인' 본성을 가지고 있음을 입증할 수 있었다. 많은 신고전학파 경제학에서 발전하고 있는 실증주의 방법론은 그 자체가 심대한 오류이고 비과학적이라는 점을 보여주었다. 간단히 말해서, 인간행동에 대한 모든 지식이 미제스는 방법론적 이원주의(methodological dualism)에 근거하여, 인간행동에 대한 모든 지식이 돌, 분자, 또는 원자에 대한 연구와는 매우 깊은 차이가 있음을 증명하였다. 그 차이란 개인으로서의 인간이 의식적이고, 가치를 채택하고, 그 가치들과 목표들을 달성하기 위한 노력의 일환으로 선택한다(행동한다)는 점이다. 그는 이 행동 공리(axiom)가 자명한 것이라고 지적했다. 그것은 (a) 일단 말한 자신에게 명백하고, (b) 자기모순 없는 논리로 논박될 수 없다. 즉, 그것을 논박하기 위한 어떤 시도에서도 그 공리를 사용하지 않을 수 없다. 행동의 공리(axiom of action)가 자명하게 옳기 때문에, 마찬가지로 그 행동의 공리로부터 나온 논리적 연역들이나 함축들도, 어떠한 것이건 절대적으로,

타협불가능하게, '필연적으로' 옳다. 이 경제학 이론체계가 절대적으로 옳기 때문에, 그것의 진리성을 '검증'하겠다는 어떠한 말도 어리석은 짓이고 의미 없는 짓이다. 왜냐하면 공리들은 자명하고, 그 공리를 사용하지 않고서는 어떤 '검증'도 일어날 수 없기 때문이다. 더욱이 역사적 사건들은 실험실에서의 자연적 사건들에서처럼 동질적이지 않고, 반복할 수 없고, 통제할 수 없어서 어떤 '검증'도 할 수 없다. 그와 달리, 모든 역사적 사건들은 이질적이고, 복제할 수 없고, 그리고 복합적 원인들의 결과다. 그리하여, 과거든 현재든, 경제사의 역할은 이론을 검증하는 것이 아니라 이론을 행동 속에서 예시하는 것이고, 역사적 사건들을 설명하기 위해서 이론을 사용하는 것이다.

미제스는 또한 경제이론이 피해 나갈 수 없는 인간행동이라는 사실을 다룬 형식논리임을 파악했으며, 따라서 경제이론이 인간행동의 내용, 혹은 가치 그리고 동기들에 대한 심리학적 설명들과는 무관함을 보았다. 경제이론은 행동의 형식논리적 사실을 담고 있는 것이다. 그렇기 때문에 미제스가 훗날 그것에 대해 인간행동의 논리인 '인간행동학'(praxeology)이라고 이름 붙였을 것이다.

논리실증주의를 비판하며, 미제스는 인간을 수량적 법칙에 따라 예측되고 결정되는 돌이나 원자처럼 취급하는 철학은, 특히 사람들을 마치 무생물처럼 다루는 사회공학적 관점으로 이어질 가능성이 높다고 보았다. 실제로, 실증주의자 노이라트는 중앙유럽의 대표적인 사회주의 이론가들 중 한 명이었다. 미제스는 이러한 소위 '과학적인' 접근법에 대해 쓰기를:

인간의 행동을 뉴턴 물리학이 질량과 운동에 의존하는 방법처럼 연구할 것이다. 인간 문제에 대한 이러한 소위 '실증적' 방법론에 기초하여, 그들은 미래의 계획된 사회의 '경제적 독재자'가 일종의 엔지니어로서 살아있는 인간을 무생물 물체처럼 다룰 수 있게 해주는 새로운 기술인 '사회공학'을 개발할 계획을 갖고 있다."[39]

미제스는 1928년에 일련의 인식론적 논문들을 출판하기 시작했고, 그런 뒤 1933년에 중대한 철학적이고 방법론적인 저술인《경제학의 인식론적 문제들》에 그것들을 묶어 출판하였다.

---

39) Mises,《경제학의 인식론적 문제들》p.xiii.

6 1920년대의 미제스: 교사 그리고 스승

위에서 언급했듯이, 미제스가 비엔나 대학교에서 가르치는 지위 면에서 제약이 심했기 때문에 대학교에서 가르치는 내용들에 대한 그의 영향력도 심각하게 제한되었다. 하이에크, 하벌러, 모르겐슈테른 등과 같은 뛰어난 미제스 학파가 대학교 때 미제스 밑에서 공부했지만, 박사과정 학생 중에는 유일하게 마흐루프만 있었다. 마흐루프도 경제학계의 반셈족주의 때문에 교수 자격 획득을 방해받았고, 그것 때문에 그도 시간강사로서 가르치는 것만 허용받았다.[40]

교사로서, 그리고 스승으로서 미제스의 엄청난 영향력은 학교 수업 대신에 그가 상공회의소에 있는 자신의 사무실에서 설립했던 '사설세미나'(privatseminar)에서 일어났다. 1920년부터 그가 1934년 제네바로 떠날

---

40) 20번 각주를 보라. [역주: 역주가 없는 원문에서는 17번 각주이다.]

때까지 미제스는 격주로 금요일마다 7시에서 (참가자들마다 설명은 약간씩 다르지만) 거의 10시까지 세미나를 열었다. 그 뒤에는 그들은 저녁을 먹기 위해 이탈리아식 레스토랑 안코라 베르데(Anchora Verde)로 가서 영양보충을 했고, 그 뒤에는 미제스가 변함없이 참석한 가운데 한밤중에 퀸스틀러(Kunstler) 카페로 가서 새벽 1시 혹은 그 이후까지 충실한 세미나를 계속했다. 미제스 세미나는 학위도 주지 않았고, 대학교에서건 상공회의소에서건 어떤 종류의 공식적 역할도 하지 않았다. 그럼에도 불구하고 학자이자 교사로서 미제스의 자질은 놀랄만한 것이어서, 그의 사설세미나는 아주 신속하게 유럽에서 경제학 및 사회과학분야의 논의 그리고 연구에서 돋보이는 세미나 혹은 포럼으로 되었다. 참석 및 참가자로 초대받는 것은 대단한 영광으로 여겨졌고, 그 세미나는 곧 박사 후 연구과정의 비공식적이지만 매우 중요한 중심이 되었다. 미제스모임 참가자들은 이후에 오스트리아에서는 물론 영국과 미국에서도 저명한 인물이 되었는데, 그 명단을 보면 정말로 경이롭기 짝이 없다.

미제스가 자기 신념에 비타협적인 전사로 평판이 나 있었음에도 불구하고, 모든 참가자의 증언에 따르면, 미제스가 모든 사람의 의견을 존중하고, 회원들이 자신의 입장에 따르도록 강제하지 않은 채로 그의 세미나를 토론의 장으로 만들었다는 것이다. 그리하여, 마이어의 제자이자 후에 국제연합의 경제학자가 된 로젠스타인-로단(Paul Rosenstein-Rodan) 박사가 미제스의 세미나를 회상하며 쓰기를:

　　　… 나는 미제스의 화폐이론은 아주 열광적으로 지지했지만 그의

극단적인 반간섭주의적 자유주의에 대해서는 매우 회의적이었습니다. 제가 '좌파'(pink)였고 상당히 페이비언적인 인생관을 가지고 있었으며 제가 이 생각을 바꾸지 않았음에도, 우리가 매우 좋은 관계를 유지했다는 것이야말로 (세간에 알려진 평판과 달리) 미제스가 얼마나 융통성 있고 관대한 인물인지를 보여주는 증거였습니다. [41]

미제스 자신도 세미나 및 자신이 행했던 방식에 대해 다음과 같은 감동적인 글을 썼다:

나의 교육의 주된 노력은 나의 사설세미나에 집중되었다. … 이 모임에서 우리는 경제학, 사회철학, 사회학, 논리학, 그리고 인간행동과학의 인식론 등에 대한 모든 중요한 문제에 대하여 격식을 차리지 않고 토론했다. 이 모임에서 (뵘바베르크 이후의) 청년 오스트리아학파 경제학의 학파가 명맥을 유지했고, 이 모임에서 비엔나의 문화가 마지막 꽃 중 하나를 피웠다. 여기서 나는 교사도 아니었고, 세미나 감독자도 아니었고, 단지 주는 것보다 더 많이 혜택을 받았던 '동료들 사이에서 으뜸인 자'(primus inter pares)일 뿐이었다.

이 모임에 속한 사람들은 모두 지식에 대한 갈증에 이끌려 자발적으로 왔다. 그들은 학생으로 왔지만, 세월이 흐르면서 내 친구가 되었다. …

---

41) Margit von Mises, 《미제스와 함께 한 세월들》 p.208.

우리는 학파도 아니었고, 신자들도 아니었고, 어떤 종파도 아니었다. 우리는 일치보다는 충돌하면서 서로에게 더 도움이 되었다. 하지만 우리는 인간행동의 과학을 진척시킨다는 한 가지 노력에서는 일치하고 하나로 뭉쳤다. 각자는 자신의 법칙이 인도하는 바대로 자기만의 길을 갔다. … 우리는 저널을 만들거나 에세이 모음집을 출판할 생각조차 해본 적이 없다. 각각이 사상가로서 알맞게 자기 일을 스스로 했다. 그럼에도 그 모임을 위해 애를 썼는데, 그 과정에서 각자는 동료들의 박수갈채가 아닌 단순한 인정이라는 보상 외에는 어떤 보상도 바라지 않았다. 이 가식 없는 사상들의 교환은 위대한 것이었다. 그 교환 속에서 우리 모두가 행복과 만족을 찾았다.[42]

미제스의 이러한 교수법은 어떤 결과를 낳았는가? 세미나 회원 중 많은 사람은 완전한 미제스주의자가 되었으며, 그렇지 못한 이들도 어떤 식으로든, 최소한 미제스의 위대함으로부터 약간의 영향이라도 받게 되었다. 나중에 케인스주의 혹은 다른 반미제스주의 교리로 전향한 미제스 추종자들 역시, 여전히 미제스주의의 실마리를 눈에 띄게 간직하고 있었다. 예컨대, 마흐루프나 하벌러의 케인스주의는 결코 순수한 케인스주의자들 만큼이나 폭주하지는 않았다. 미제스 세미나의 회원이었던 틴트너(Gerhard Tintner)는 추후에 아이오와 주립대학교에서 저명한 계량경제학자

---

42) Mises, 《기록과 회상》 pp.97~98.

가 되었지만, 그가 저술한 《계량경제학》(Econometrics)의 첫째 챕터는, 계량경제학에 대한 미제스의 의구심을 다른 계량경제학자들보다 훨씬 더 진지하게 받아들이고 있다. 미제스는 그의 모든 학생에게 지울 수 없는 영향을 남겼다고 판명할 수 있다. 미제스의 사설세미나 회원들의 명단 중 일부를, 후에 어디에 소속되었고 어떤 업적을 남겼는지를 곁들여서 살펴보면, 미제스의 학생들이 달성한 엄청난 탁월함과 그들 모두에게 찍힌 미제스의 흔적을 아는 데 도움이 될 것이다:

프리드리히 하이에크(Friedrich A. Hayek)

프리츠 마흐루프(Fritz Machlup)

고트프리트 폰 하벌러(Gottfried von Haberler)

오스카르 모르겐슈테른(Oskar Morgenstern)

파울 로젠슈타인-로단(Paul N. Rosenstein-Rodan)

펠릭스 카우프만(Felix Kaufmann) (《사회과학의 방법론》(The Methodology of the Social Sciences)의 저자)

알프레드 슈츠(Alfred Schutz) (사회학자, 뉴욕의 뉴스쿨)

카를 보데(Karl Bode) (방법론학자, 스탠포드 대학교)

알프레드 스토이너(Alfred Stonier) (방법론학자, 런던의 유니버시티 칼리지)

에리히 푀겔린(Erich Voegelin) (정치학자, 역사학자, 루지이애나 주립대학교)

카를 슐레징거(Karl Schlesinger)

리하르트 폰 슈트리글(Richard von Strigl)

카를 멩거(Karl Menger) (수학자, 오스트리아학파의 창시자인 칼 멩거(Carl

Menger)의 아들, 시카고 대학교)

발터 프뢸리히(Walter Frohlich) (마케트 대학교)

게르하르트 틴트너(Gerhard Tintner) (아이오와 주립대학교)

에발트 샴스(Ewald Schams)

에리히 쉬프(Erich Schiff)

헤르베르트 폰 퓌스(Herbert von Furth)

루돌프 클라인(Rudolf Klein)

잉글랜드와 미국으로부터 온 회원 그리고 참석자들 중에는:

존 반 시클(John V. Van Sickle) (라크펠러 재단, 후에는 와바쉬 칼리지)

하워드 엘라이스(Howard S. Ellis) (버클리 대학교, 《독일 화폐이론》 (*German Monetary Theory*)의 저자)

라이오넬 로빈스(Lionel Robbins) (런던 정치경제 대학교)

휴 게이츠켈(Hugh Gaitskell) (영국 노동당)

미제스의 영향을 거의 받지 않은 참가자들로는, 컬럼비아 대학교의 스웨덴인 케인스주의자 넉시(Ragnar Nurkse)와, 마찬가지로 컬럼비아 대학교의 하트(Albert Gailord Hart)가 있다.[43]

미제스 세미나가 헌신적인 여성 회원들을 포함했다는 것은 그 당시 유

---

43) 이 시기 비엔나에서의 지적인 삶에서 카페와 사설세미나가 무엇을 의미하는지에 대하여, Craver, "오스트리아학파 경제학자들의 이민" pp.13-14 의 통찰력있는 설명을 보라.

럽에서는 특기할 만한 것이다. 후에 파리 소재의 국제경제협회의 총무가 된 리저(Helene Lieser)는 사회과학분야에서 박사학위를 받은 최초의 오스트리아인 여성이었다. 민츠(Ilse Mintz)는 멩거의 제자였고, 붙박이 무역부 차관으로(나중에는 뉴스쿨에서) 일했던 경제학자 쉴러(Richard Schuller)의 딸이었는데, 후에 미국으로 이민가서 전미경제연구소에서 일하며 컬럼비아 대학교에서 강의했다. 다른 중요한 여성 회원으로는 헤르츠펠트(Marianne von Herzfeld)와, 후에 뉴욕 대학교와 브루클린 칼리지에서 강의한 브라운(Martha Stephanie Braun)이 있었다. 브라운은 미제스의 세미나를 회상하면서 "폰 미제스 교수는 어떤 참가자건 토론하고 싶은 주제를 선택하는 데 제약을 두지 않았다"고 말하며, "나는 많은 도시에 살았고 많은 단체에 속해 있었지만, 토론의 강도, 흥미, 그리고 지적 수준에서 미제스 세미나만큼 높은 모임은 없었다고 확신한다"는 말로 회상을 맺었다.[44] [45]

미제스는 자신의 세미나에 안주하지 않고, 그가 프리브람(Karl Pribram)을 도와 1908년에 창설하였던, 그러나 전쟁으로 거의 해체되다시피 한 전문적인 경제학자들의 모임인 경제학회를 홀로 부활시켰다. 경제학회가 미제스 세미나보다 훨씬 컸음에도 불구하고 미제스 모임이 그 학회의 핵심을 이루었다. 미제스와 그의 동료들은 슈판을 제거하기 위해 작전을 펼쳤고, 마이어의 참여를 보장하기 위해 마이어를 회장으로 임명하

---

44) Margit von Mises, 《미제스와 함께 한 세월들》 p.207.

45) 미제스의 사설세미나에 대하여, Margit von Mises, 《미제스와 함께 한 세월들》 pp.201-211; Mises, 《기록과 회상》 pp.97-100; Craver, "오스트리아학파 경제학자들의 이민" pp.13-18 를 보라.

고, 그룹의 원동력인 미제스를 부회장으로 임명하였다. 학회는 미제스주의자들에 의해 지배되었고, 총무로 하이에크, 재무로 마흐루프를 임명하였다. 모르겐슈테른은 마흐루프의 뒤를 이어 재무가 되었다. 쉴러는 이 모임의 명예회원이었고, 미제스 세미나의 회원인 전국은행협회의 회장 슐레징거는 은행가 협회의 대형 회의실을 이 학회가 사용할 수 있도록 마련해주었다. 학회의 많은 논문이 마이어의 학술지인 《경제학 저널》 (*Zeitschrift fur Nationalokonomie*)에 실렸다.

1920년대 중반에, 미제스는 하이에크에게 일자리를 마련해주기 위해 상당한 노력을 기울였다. 그는 상공회의소를 설득하여 자기 사무실에 연구직을 신설해 하이에크를 그 자리에 채우려고 했지만 그의 시도는 실패하였다. 하이에크는 미국에서 1년을 보내고 경기변동에 대한 경험적 연구를 찬미하며 돌아왔는데, 미제스는 1927년 1월에 경기변동연구소를 설립하여 하이에크를 상공회의소에 있는 사무실의 소장으로 임명했다. 1930년에 자금이 부족해진 연구소는, 라크펠러 재단의 파리 사무실의 부소장이 된 이전 미제스 세미나 회원 시클(John V. Van Sickle)의 도움을 받아 록펠러 재단으로부터 많은 자금을 지원받았다. 새로운 자금은 하이에크의 조수로 모르겐슈테른과 하벌러를 고용할 수 있게 해주었고, 1931년에 하이에크가 오스트리아를 떠나 영국으로 향했을 때, 모르겐슈테른이 그의 뒤를 이어 소장직을 맡게 되었다.[46]

---

46) 모르겐슈테른은 곧 그 연구소를 완전한 비-미제스주의 길로 이끌었다. 그의 친구인 아들 멩거의 영향, 그리고 멩거의 학생인 틴트너와 발트(Abraham Wald)의 작업 때문에, 계량경제학 연구를 후원하게 되었다. Craver, "오스트리아학파 경제학자들의 이민" pp.19-20.

미제스의 친구들과 학생들을 포함하여 대부분의 비엔나 시민들이 나치즘이 오스트리아에서는 일어날 수 없을 것이라는 《폴리애나》(Pollyanna)[47]식 견해에 안주해있을 때, 미제스는 1930년대 초부터터 재앙을 내다보았고 그의 친구들에게 가능한 한 해외로 이주하라고 재촉했다. 마흐루프는 미제스의 충고가 자신의 생명을 구했다고 믿는다. 독특한 재치와 통찰력을 발휘하며, 미제스는 신대륙에서 자신이 그의 동료들과 함께 있는 가능한 시나리오를 상상한 적이 있다: 미제스는 자기들이 라틴아메리카 어딘가에 카페와 나이트클럽을 열 것이라고 예언했다. 미제스가 수위를 하고, 하이에크가 격식있고 냉담한 웨이터를 하고, 카우프만이 밤무대의 가수가 되며, 클럽의 남자 댄서 역할은 마흐루프가 맡았을 것이다.[48]

최초로 이민 간 미제스주의자는 하이에크였다. 로빈스는 미제스의 《사회주의》를 읽음으로써, 그리고 그 후 미제스의 사설세미나에 참석함으로써 반간섭주의와 오스트리아학파 경제학으로 전향했다. 런던 정경대의 경제학과장으로 취임한 로빈스는 곧 총장인 베버리지 경(Sir William Beveridge)의 영향력 있는 조언자가 되었다. 로빈스는 1931년에 하이에크를 초청하여 정경대에서 일련의 강의를 해달라고 요청했고, 그 강의는 학교를 열광시켰다. 하이에크는 곧 정경대에서 정교수직을 제의받았고, 하이에크와 로빈스는 1930년대의 전반기 동안 런던을 휩쓸었다. 그들은

47) 역주: 《폴리애나》는 천진하고 때묻지 않은 소녀의 행동이 얼어붙은 숙모의 마음을 녹여 집안에 활기를 되찾게 하고 마을사람들을 푸근하게 한다는 미국 여류작가 포터(Eleanor Porter)의 소설이다.

48) 이 이야기는 Margit von Mises, 《미제스와 함께 한 세월들》 p.205 에서 나온 것이다.

특히 자본과 경기변동에 대한 오스트리아학파 이론의 영향력을 확산시켰다. 하이에크는 정경대의 가장 뛰어난 젊은 경제학자들을 오스트리아학파의 금속화폐와 반간섭주의 견해로 전향시켰다. 당시의 열렬한 오스트리아학파 개종자들 중에는 추후에 케인스주의 경제학의 지도적 학자가 되는 인물들도 포함하고 있었다.힉스, 러너, 칼도어, 불딩, 섀클(G.L.S. Shackle) 등이 그러하다. 정경대의 학술지인 《이코노미카》(Economica)는 오스트리아학파 논문들로 가득 찼었다. 오직 케인스의 근거지인 케임브리지 대학교만이 적대적인 태도를 유지했었는데, 심지어 이곳에서조차 로버트슨(D. H. Robertson)의 화폐적 접근은 오스트리아학파주의와 유사점이 있었다. 로버트슨은 정경대에서 캐넌(Edwin Cannan)의 학생이었고, 금속화폐와 반간섭주의를 옹호했다. 캐넌의 학생인 프레데릭 밴험은 대공황에 대한 오스트리아학파의 관점을 채택했고, 로빈스는 1934년에 놀라운 미제스주의적 연구인 《대공황》(The Great Depression)을 발표했다. 로빈스의 영향 아래, 베버리지는 《실업, 산업의 문제》(Unemployment, a Problem of Industry)의 1931년 판에서 전후 영국에서 발생한 대규모 실업률은 지나치게 높은 임금률 때문이라고 주장했다.

게다가, 로빈스는 1930년대 초에 미시경제학과 인구이론에 관한 도전적인 오스트리아학파 논문을 발표했다. 더욱이, 1932년에, 그는 미제스주의 인간행동학의 축약된 설명인 《과학으로서의 경제학이 지닌 속성과 중요성》을 출판했는데, 이는 불행하게도 1950년대 초 프리드먼(Milton Friedman)의 실증주의 선언이 출판되기 전까지 경제학자들에게 방법론의 성경이 되었다.[49] 이러한 엄청난 노력 외에도, 로빈스는 하이에크가 쓴 경기변동이론에 대한 두 권의 책(《화폐이론과 경기변동》(*Monetary Theory and the Trade Cycle*), 《가격과 생산》(*Prices and Production*))의 번역과 출판을 주선했고, 마침내 미제스의 《화폐와 신용의 이론》과 《사회주의》의 번역을 주선했다.

그러나, 오스트리아학파 경제학이 (특히 대공황을 예측하고 설명했던 점에 대하여) 영국의 정복할 것처럼 보였던 그 때, 케인스의 《일반이론》이 그에 앞서 모든 것을 휩쓸어가 버렸고, 1930년대 후반에는 하이에크에 의한 모든 오스트리아학파 개종자가 갑자기 케인스주의로 옮겨갔다. 그들이 그 당시에 더 성숙해졌음에도 말이다. 로빈스, 힉스, 베버리지를 포함하여 나머지 모든 충실한 학자가 전향했고, 오로지 하이에크만이 케인스주의 폭풍 속에서 상처를 입지 않고 남겨졌다.[50] 그러나 미제스에게 있어 가장 충격적인 타격은, 그가 가장 좋아하는 학생들인 마흐루프와 하벌러조차 케인스주의자가 되었다는 것이다. 비록 상대적으로 온건했지만 말이다.

미제스의 사상이 오스트리아에서 엄청난 영향을 미친 것 외에도, 그는 [같은 독일어를 쓰는] 독일의 경제학자들에게도 상당한 영향력을 행사했

---

49) 불행하게도, 로빈스의 책의 더 잘 알려진 판본은 1935년의 제2판인데, 이는 초판보다 미제스주의적 성격이 훨씬 덜하고 훨씬 더 신고전학파적이었다.

50) 이러한 배신은 너무 강력해서 그 결과로 그런 배신자들 중에 적어도 두 명은 미제스에게서 영향을 받아서 집필했던 저서를 공개적으로 부정하는 비정상적인 단계를 밟았다. 로빈스는 자신이 쓴 《대공황》을 몇 번이고 비난했고, 힉스는 오스트리아학파로부터 기인한 그의 《임금이론》을 부인했다. 하이에크 외에 남아있는 유일한 반케인스주의자(anti-Keynesian)는 캐넌의 예전 학생이었던 허트(W. H. Hutt)였지만 그의 준오스트리아학파(quasi-Austrian)적 관점에서의 케인스에 대한 훌륭한 비판은 주목을 받지 못했다. 왜냐하면 허트는 꼭 경제사상과 논쟁의 중심이라고는 할 수 없는 남아프리카 공화국에서 가르치고 논문을 출판했기 때문이었다.

다. 함(Georg Halm)은 미제스와 함께 사회주의 하에서 경제계산 가능성이 없다고 공격했다. 독일의 은행가이자 경제학자였던 한(L. Albert Hahn)은 1920년대에 원시적 케인스주의-인플레이션주의자였으나, 1930년대에는 케인스에 대한 신랄한 비판자로 변모했다. 미제스의 영향을 강하게 받은 다른 독일 경제학자로는, 뢰프케, 밀러-아르마크(Alfred Muller-Armack), 노동조합 전문가 브리프(Goetz A. Briefs), 마르크스주의 계급이론의 비판자 슐츠바흐(Walter Sulzbach), 경제사학자 뤼스토프(Alexander Rustow), 본(Mortiz J. Bonn), 포흘레(Ludwig Pohle)가 있었다. 이탈리아의 대통령 에이나우디, 프랑스의 화폐전문가 뤼프 등 역시, 미제스에게서 영향을 받은 미제스의 친구들이었다.

7

새로운
세계로의 탈출

   오스트리아로 계속 잠식해 들어오는 나치의 위협에 그의 동료들 누구보다도 더 경계하며, 미제스는 1934년에 제네바 대학교의 국제문제대학원연구소에서 국제경제관계 교수 자리를 맡았다. 제네바에서의 초기 계약은 1년이었기 때문에 미제스는 상공회의소에서 1/3 봉급으로 시간제 일자리도 가지고 있었다. 미제스의 계약은 그가 1940년에 제네바를 떠날 때까지 갱신되었다. 미제스는 자신이 사랑했던 비엔나를 떠나는 것이 슬펐지만, 제네바에서의 6년이 행복했다. 학계에서 첫 (그리고 마지막) 유급 직위를 맡았으며, 친구들과 뜻을 함께하는 동료들이 주변에 가득했기 때문이다. 그중에는 법학자이자 경제학자인 연구소장 래퍼드(William E. Rappard), 그리고 프랑스의 저명한 경제사학자이자 연구소의 공동 책임자였던 망투(Paul Mantoux), 미제스의 소년시절 친구인 저명한 법학자 켈젠(Hans Kelsen), 나치 때문에 독일을 떠난 뢰프케, 그리고 프랑스의 학자

루지에(Louis Rougier)와 보댕(Louis Baudin)이 있었다.

미제스의 강의는 프랑스어로 진행됐지만, 그는 프랑스어에 매우 유창했고 독일어 억양의 문제도 없었다. 토요일 오전에 오직 하나의 주간 세미나만 가르치고, 상공회의소에서 해야 했던 정치적이고 행정적인 의무들에서 자유롭게 되자, 미제스는 마침내, 자신이 1920년대와 1930년대 초 개시했던 인간행동학적 방법론에 근거하여 구축된, 미시와 거시경제학을 통합하고, 시장과 시장에 대한 간섭을 분석하는 그의 위대한 걸작의 집필에 착수하여 마무리할 수 있는 여가를 누리게 되었다. 이 논저는 《경제학》이라는 이름으로 1940년에 제네바에서 출판되었다.

이렇게 조건이 좋아졌음에도 불구하고, 미제스가 자신의 일을 계속하는 데는 큰 용기가 필요했다. 그것은 그가 1937년 이후 케인스 경제학의 밀물과 같은 파고, 사회주의 좌우파 교리의 성장, 나치즘의 급속한 발전과 끔찍한 제2차 세계대전이 임박한 상황에 직면했기 때문이다. 1938년, 미제스는 나치가 오스트리아를 정복하고, 그에 이어서 미제스 개인의 장서와 논문들을 파괴한 것을 보자 공포를 느꼈다. 그러나 그의 약혼녀 마르기트와 결혼할 수 있게 되었다는 사실에 환호하기도 했다. 결혼을 함으로써 그녀도 제네바로 망명할 수 있게 되었다.[51]

제2차 세계대전의 발발로 인해 미제스는 엄청난 압박을 받았다. 스위스인이 아닌 학생들이 연구소에서 없어졌고, 전쟁은 미제스를 비롯한 피난민들이 스위스에서 점차 환영받지 못한다는 느낌을 받도록 하였다. 결

---

51) 제네바 시절에 대하여 Margit von Mises, 《미제스와 함께 한 세월들》 pp.31-49, 그리고 Mises, 《기록과 회상》 pp.136-138 를 보라.

국 1940년 봄 독일이 프랑스를 정복하자, 미제스는 부인의 재촉을 받고 추축국들에 둘러싸인 스위스를 떠날 결심을 하였으며, 폭정의 희생자들의 메카인 미국으로 탈출했다.

미국으로의 이민은 미제스에게 특히 비참한 경험이었다. 이 당시 미제스는 거의 60세가 다 되었는데, 그의 유창한 프랑스어와 달리 영어는 오직 책으로만 배운 것이었고, 평생을 바친 유럽에서 도망친 상황이었으며, 빈곤했고, 미국에서 직업을 구할 수 있다는 가망이 거의 없었다. 미제스와 마르기트는 독일군을 피해 프랑스를 가로질러 스페인을 거치고 마침내 리스본으로 가서 미국으로 향했다. 그의 세계 전체가, 그의 희망과 꿈이 산산조각이 났고, 그는 낯선 언어로 새로운 나라에서 새로운 삶을 꾸리도록 강요받았다. 그리고 그 모든 것을 능가하는 것은, 그가 세계가 전쟁과 국가주의에 굴복하는 것을 두 눈으로 보게 되자, 전시 상황에 발표한 그의 위대한 대작《경제학》도 흔적을 알 수 없을 정도로 가라앉아버렸다는 것이다. 제2차 세계대전이 한참인 상황에서 어느 누구도 수준 높은 이론에 흥미를 가질 수 없었다. 게다가, 이 책은 널리 수요되어야 할 독일어권 국가들에 대한 출판이 허용되지 않았고, 이 책을 출판한 스위스 출판사는 전쟁 중에 파산했다.

미제스 부부는 1940년 8월에 뉴욕에 도착하였다. 취직할 전망도 전혀 없이 호텔 방과 가구가 있는 아파트를 반복적으로 들락날락 이사 다니면서 조금의 저축으로 근근이 살아갔다. 이때가 미제스 인생의 가장 바닥이었다. 그가 미국에 온 직후 그는《기록과 회상》(Notes and Recollections,

1978)[52]이라는 절망적이고 혹독한 지적 메모를 쓰기 시작했다. 이 책은 미제스 사후에 영역되어 출판되었다. 이 가슴 아픈 작품의 주요 주제는 미제스의 친구이자 멘토였던 너무나 많은 고전적 자유주의자들이, 20세기의 폭주하는 국가주의와 파괴적인 전쟁으로 인해 겪었던 비관주의와 절망이었다. 멩거, 뵘바베르크, 베버, 오스트리아-헝가리 연합왕국의 루돌프 황태자(Archduke Rudolf of Austria-Hungary), 그리고 미제스의 친구 겸 동료인 로젠베르크, 그들 모두가 그들 시대의 정치가 한층 암울해지면서 정신적으로 쇠했거나 죽음에 이르게 되었다. 미제스는 그 전투가 아무리 가망이 없어 보일지라도 일생에 걸쳐 이 중대한 후퇴에 단호히 맞서 싸웠다. 동료 고전적 자유주의자들이 제1차 세계대전에 대한 절망에서 어떻게 헤어나오지 못했는지를 논하면서, 미제스는 그 뒤 자신이 반응했던 것에 대해 이야기했다:

> 그렇게 나도 오랫동안 유럽의 위대한 마음들을 짓눌렀던 가망 없는 비관주의에 다다랐다. … 이 비관주의는 멩거의 강인함도 꺾었고, 그리고 베버의 일생에도 그늘을 드리웠다.

---

52) 미제스가 뉴욕 대학교에서 대학원 세미나를 시작한 후 약 10여년이 지났을까, 세미나를 끝내고 근처의 레스토랑에서 간단한 다과를 하던 도중, 우리 중 일부는 비엔나에서의 옛 시절에 대해 미제스가 우리에게 이야기했던 멋진 일화를 두고 그에게 자서전을 쓰면 어떻겠냐고 반응했다. 그러자 드물게 심각한 표정으로 미제스가 다가와 서서 "여러분, 나는 내 자서전을 쓸 정도로 그렇게 늙지 않았어."라고 선언했다. 더 이상의 반론을 용납하지 않는 분위기였다. 그러나 미제스가 그때 70대였기에(나머지 우리보다는 나이가 아주 많았다), 그리고 미국이라는 나라가 20대의 멍청이들도 자신의 '자서전'을 써대는 나라였기 때문에, 비록 우리는 자연스레 조용히 있기는 했지만 선생님 말에 당연히 동의하지 않았다.

재앙을 피할 수 없음을 알았을 때 우리가 우리 인생을 어떻게 만들어나가는가는 기질의 문제다. 나는 고등학교 시절 **"악에 굴하지 않겠어. 항상 용기 있게 맞설거야"**(Tu ne cede malis sed contra audentio ito)라는 베르길리우스(Virgil)의 시를 모토로 삼았었다. 전쟁이라는 가장 암울한 나날에, 나는 그 문구를 되새겼다. 아무리 합리적으로 생각해보아도 탈출구를 발견할 수 없는 상황에 거듭 부딪혔지만, 내게 구원의 길을 열어준 예기치 않았던 무언가가 일어났다. 나는 지금 이 순간조차도 용기를 잃을 수 없다. 나는 경제학자로서 할 수 있는 모든 일을 할 것이다. 나는 지치지 않고 내가 옳다고 믿는 것을 가르칠 것이다.[53]

미제스가 계속해서 말하길, 바로 이 시점에 제1차 세계대전이 발발하기 전에 심사숙고 했었던, 사회주의에 관한 책을 쓰기로 결심했다고 한다.

미제스는 인플레이션에 대한 싸움에서, 나치와의 투쟁에서, 제2차 세계대전 동안의 탈출에서 그랬듯이 그의 생애에 마주친 다른 모든 끔찍한 상황에 대해서도 똑같이 위대한 용기로 맞섰다. 상황이 아무리 절망적이었을지라도 모든 경우에 미제스는 정면으로 싸워나갔고, 경제학을 비롯하여 인간행동을 다루는 모든 학문에 대한 그의 위대한 기여를 심화시키고 확장시켰다.

미제스의 오랜 연고인 시클과 라크펠러 재단 덕에 국립경제조사국으

---

53) Mises, 《기록과 회상》 pp.69-70.

로부터 1941년 1월부터 소액의 보수를 받게 되고, 1944년에 갱신된 보수를 받게 되면서 미제스의 생활은 형편이 나아지기 시작했다. 이러한 보수 덕으로 1944년 예일 대학교 출판사에서 미제스의 첫 영어 저작인 두 권의 중요한 작품이 탄생하였다. 하나는 《전능한 정부》이다.[54] 그 시기 민족사회주의(나치즘)에 대한 지배적 해석은 컬럼비아 대학교 교수이자 독일인 피난민이었던 노이만(Franz Neumann)의 마르크스주의적 견해였는데, 그것은 즉 민족사회주의(나치즘)가 떠오르는 프롤레타리아 세력의 힘을 분쇄하기 위해 전전긍긍했던 독일 대기업의 필사적인 마지막 발악이라는 견해였다. 지금은 철저하게 불신당하고 있지만 당시에는 지배적이었던 그 견해에 《전능한 정부》가 처음으로 도전했다. 이 책은 모든 형태의 좌익 집단주의 그리고 우익 집단주의에 잠재해있는 것이 국가주의와 전체주의임을 지적하였다. 미제스의 다른 책 《관료제》는 영리기업, 비영리조직의 관료제적 운영, 그리고 훨씬 더 열악한 정부의 관료제 사이의 필연적 차이를 확정해낸 대단한 고전적 소책자였는데, 이 작업은 그 이전에는 결코 없었던 것이다.

예일 대학교 출판부가 미제스의 첫 영어 저술들을 출판했던 것은 당시 주요한 출판사들이 사회주의와 국가주의에 압도적으로 헌신하던 흐름을 거스른 것이었다. 미제스의 책을 예일대 출판부에서 출판하도록 보장했

---

54) 《전능한 정부》의 더 초기의 판본은 독일과 오스트리아만을 다루었는데, 제2차 세계대전이 발발하기 직전에 제네바에서 독일어로 쓰여졌다. 미국에 도착한 후, 미제스는 부록을 추가했다. 《전능한 정부》의 초판본은 미제스의 사망 이후 1978년 슈트트가르트에서 《국가라는 명목, 혹은 집단주의의 위험성》(Im Namen des Staates oder Die Gefahren des Kollektivismus)이라는 제목으로 출판되었다.

던 사람은 해즐릿(Henry Hazzlit)이다. 그는 미제스가 미국에서 알게 된 첫 번째 새로운 친구였고 돋보이는 경제 전문 언론인이었으며 당시에 《뉴욕타임즈》의 명석한 편집진 저술가 겸 경제분석가였다. 해즐릿은 1938년에 《사회주의》 영어판에 대한 서평을 《뉴욕타임즈》(New York Times)지에 감동에 차서 쓴 이래 미제스를 흠모해왔다. 해즐릿은 미제스가 미국에 도착한 직후에 그를 만났는데, 곧바로 아주 친한 친구이자 추종자가 되었다. 해즐릿은 오스트리아학파 경제학에 대해서 엄청나게 많이 그리고 창의적으로 글을 썼고, 인간적으로 뿐만 아니라 학자로서 미제스의 대의를 지치지 않고 밀고 나갔다.[55]

1943년 초, 미제스가 《전능한 정부》의 원고를 완성한 이후, 해즐릿은 이 책에 열광한 예일 대학교 출판부의 리버테리언적인 마음을 가진 편집자 데이비드슨(Eugene Davidson)에게 원고를 맡겼다. 그는 이 책에 열광했다. 그때부터 1950년대까지, 명성높은 예일 대학교 출판부는 미제스의 모든 작품, 즉 새로운 저술의 출판과 이전 저술의 재판을 담당하는 역할을 했다. 사실, 1944년 초, 미제스에게 관료제에 대한 짧은 책을 쓰자고 제안한 인물은 데이비드슨이었고, 미제스는 그 해 6월에 그 원고를 완성했다.[56]

---

55) 역주: 이 문단은 초판에는 있었으나 2009년 함께 묶여 출판된 판에는 누락되어 있다. 미제스에 대한 이야기라기보다는 해즐릿의 이야기라고 보았기 때문인 듯하다.

56) 해즐릿은 미제스와 처음 개인적으로 접촉했던 일에 대해 이야기 한 적이 있다: "어느날 밤, 집에서 전화를 받았는데, 전화선 저편에서 '안녕하세요. 저는 미제스입니다'라는 이야기가 들려왔다. 나는 그가 진짜 미제스인지 알지 못했고, 나중에 몇몇 친구들에게 말했듯이, 당시에는 마치 누군가가 '안녕하세요. 저는 존 스튜어트 밀입니다'라고 농담하듯이 말하는 것으로 생각했다." Margit von Mises, 《미제스와 함께 한 세월들》 p.58.

뉴욕 타임스에서 해즐릿이 가졌던 훌륭한 직위를 통해, 미제스는 1942
년부터 1943년까지 세계의 경제 문제에 대한 9개의 기사를 뉴욕 타임스
에 실었다. 이것이 미제스의 사상을 미국에 확산시켰고, 1943년 1월, 당
시 반간섭주의에 헌신적이었던 조직인 전미제조업협회의 총무 사전트
(Noel Sargent)가 미제스를 전미제조업협회의 경제원리위원회로 초빙하기
에 이르렀다. 미제스는 전미제조업협회 위원회에서 1943년부터 1954년
까지 일했고, 이를 통해 자유시장경제에 헌신하고 있는 많은 선도적인
산업가를 만날 수 있었다.[57]

하지만 미제스가 모든 미국 대학교에서 유급 전임직을 결코 맡을 수
없었다는 점은 미국 학계의 지울 수 없는 오점으로 남아 있다. 삼류 마르
크스주의 피난민도 모두 학계에서 권위 있는 지위를 찾을 수 있었던 이
시기에, 20세기의 가장 위대한 인물 중 한 사람이 학계에서 자리를 찾을
수조차 없었다는 것은 참으로 부끄러운 일이다. 미제스의 미망인 마르기
트가 쓴, 루트비히와 그녀의 삶에 대한 감동적인 회고록은, 뉴욕대학교
경영대학원이 1945년에 미제스를 방문교수로 임명하여 한 학기에 한 과
목을 가르칠 수 있게 해준 것에 대한 행복과 감사를 기록하고 있다. 미
제스는 대학의 교직에 복귀하게 되어 기뻐했다. 하지만 필자는 일 년에
2,000달러밖에 받지 못하는 시간제 직장에 열광할 수는 없다고 생각한
다. 미제스의 수업은 처음에는 '국가주의와 이윤 동기'에 대한 것이었고,

---

57) 산업가들 중에는 반간섭주의의 대의를 위한 중요한 재정적 후원자였던 선 오일 컴패니
(Sun Oil Company)의 퓨(J. Howard Pew), 크라이슬러(Chrysler)의 부회장 허친슨(B.E.
Hutchinson), 추후 1950년대 말에 우파조직인 존 버치 소사이어티(John Birch Society)를
창립한 웰치 캔디 회사(Welch Candy Corp)의 웰치(Robert Welch) 등이 있었다.

추후에는 '사회주의'에 대한 것으로 바뀌었다. 이 시간제 교직은 1949년까지 갱신되었다.

볼커 재단의 루나우(Harold Luhnow)도 미제스에게 적합한 상근 교직 자리를 알아봐주는 십자군 역할을 떠맡았다. 유급직을 확보하는 것이 어려웠기 때문에, 미제스의 봉급 전체를 볼커 재단이 지불할 태세를 갖췄다. 그렇지만 재단이 급료를 보조해주는 조건하에서조차 상근 교수직을 찾는 일은 어려웠다. 마침내 뉴욕 대학교 경영대학원이 미제스를 종신 '방문교수'로 받아들이는 데 동의했고, 다시 한번 그가 좋아하는 대학원의 경제학 세미나를 가르치게 되었다.[58) 59)] 미제스는 1949년부터 매주 목요일 밤마다 세미나를 지도하기 시작했고, 은퇴할 때까지 계속해서 세미나를 가르쳤다. 그는 20년 후 87세의 나이로 은퇴하는 순간까지, 미국에서 가장 고령의 현직 교수로서 여전히 원기왕성하고 활동적이었다.

이렇게 재정적으로 유리한 조건에도, 뉴욕 대학교는 미제스를 지원하는 데 인색했는데, 그마저도 경제 저널리스트이자 미제스와 해즐릿의 절친한 친구이기도 했고, 홍보 책임자이자 뉴욕 대학교 동창회 활동을 했던 퍼티그(Lawrence Fertig)가 대학에서 상당한 영향력을 행사했기 때문에 지원을 받을 수 있었다. 퍼티그는 실제로 1952년에 뉴욕대학교 재산관리위원회의 위원이 되었다. 미제스가 뉴욕대학교에서 박사학위 논문을 지

---

58) 루나우는 캔자스 시에 있는 가구 배송창고회사인 볼커 회사의 사장 겸 볼커 재단의 이사장이었다. 볼커 재단은 1940년대 후반부터 1960년대 초반까지 자유주의와 보수주의 학자들을 후원하는 극히 중요하지만 여전히 알려지지 못하고 있는 역할을 하였다.

59) 당분간 미제스는 세미나를 지도할 뿐 아니라 사회주의 비판 강좌를 가르치는 것을 계속했다. 몇 년 후에는 그 세미나가 뉴욕 대학교에서의 그의 유일한 강좌였다.

도할 수 있게 허용되었음에도, 진짜로 그랬음에도 불구하고, 그는 여전히 '방문교수'라는 낙인을 달고 다녔다. 더 중요한 점은, 미제스를 흠모했던 사람인 콜린스(G. Rowland Collins) 학장이 은퇴한 이후, 후임 학과장은 미제스가 시대의 흐름[케인스주의]에 역행하는 사람이며 원시인과 같은 사람이라고 주장하며, 또 경제학이 단지 '종교'에 불과하다고 주장하며 미제스 강좌의 학생 정원을 없애려고 안간힘을 썼다.

미제스에 대한 미국 학계의 소홀한 대우와는 대조적으로, 미제스의 학설을 폐기하고 그 대신 케인스주의로 돌아섰던, 그러나 오로지 미제스주의자이던 시절에만 경제학에 대해 유의미한 공헌을 남겼던, 미제스가 좋아하던 옛 제자들은 학계에서 매우 높고 위엄있는 지위를 차지했다. 이점은 분명 미제스를 굉장히 쓰라리게 만들었을 것이다. 하벌러는 하버드 대학교의 정교수로 임명되었고, 마흐루프는 존스홉킨스 대학교에 재직하다가 프린스턴 대학교로 옮겼다. 모르겐슈테른도 프린스턴 대학교에 자리를 잡았다. 물론 이들의 높은 학문적 지위는 모두 해당 대학에서 보수를 받는 것이다.[60]

미제스는 그의 운명, 혹은 그의 이전 추종자들의 배신에도 결코 비통함을 표현하지 않았고, 그에게 영감을 받고 그를 추종하는 세미나 학생

---

60) 당시까지는 지적으로나 정치적으로나 미제스주의자였고, 오직 약간 미제스보다 부족할 뿐인 하이에크에 대한 미국 학계의 대우 역시 나빴다. 볼커 재단은 하이에크가 미국의 대학교에서 자리잡도록 노력했고, 마침내 그들이 하이에크의 봉급을 전액 지불하는 조건으로 시카고 대학교의 교수직을 구할 수 있었다. 그러나 시카고 대학교 경제학과는 하이에크를 거부했다. 그는 비록 학술적이기는 하지만 상당히 이색적인, 사회사상위원회에 자리를 잡게 되었다. 사회사상위원회에서 하이에크는 비록 일류이지만 소수인 대학원생들만을 가르칠 수 있었다. 시카고 대학교가 하이에크에게 어떤 연금을 지급하는 것을 거부했기 때문에, 그는 정년 이후 독일과 오스트리아의 대학교로 돌아가야만 했다.

들에게 어떤 종류의 심술도 부리지 않았다. 미제스 세미나의 학생으로서 10년을 보내고, 그의 친구로서 미제스의 남은 생애를 보필했던, 필자만이, 오직 딱 한번 미국 학계에서의 대우에 대하여 그가 어떤 슬픔 혹은 씁쓸함을 표하는 것을 들어본 적이 있다. 그때는 1954년에 컬럼비아 대학교 개교 200주년 기념행사였고, 여기에 전 세계의 저명한 학자들이 초청받고 연설한 적이 있었다. 미제스의 옛 제자들인 하이에크, 마흐루프, 하벌러, 그리고 모르겐슈테른이 연사로 초청받았지만, 컬럼비아에서 고작 1마일도 채 안 떨어진 곳에 살았던 미제스는 완전히 무시당했다. 심지어 민츠, 넉시, 하트, 그리고 은행업의 질을 논하는 학파의 이론가 벡하트(Benjamin H. Beckhart) 등 미제스의 옛 제자들 중 네 명이 컬럼비아 대학교에서 가르치고 있었음에도 불구하고 말이다. 마르기트 폰 미제스에 따르면, 미제스는 프린스턴 대학교 고등연구소에 있던 그의 오랜 친구인 화폐경제학자 리플러(Winfield W. Riefler)를 방문한 후, 딱 한번 학계의 자리를 가졌으면 하는 갈망을 표현한 적이 있다고 한다. 그녀가 쓰기를, "나는 언젠가 루가 자기도 프린스턴 대학교에서 리플러의 자리 같은 곳에 있었으면 정말 행복했을 것이라고 이야기를 한 것을 기억합니다. 루가 그의 손이 닿지 않는 어떤 것에 대한 갈망을 표현한 것은 매우 이례적이었죠."[61] 만약 학계에 일말의 정의라도 있었더라면, 연구소의 책임자들은 미제스가 그들과 함께하기를 간절히 바라며 미제스의 집 문을 두둘겨 부수었여야 했다.

  1949년에 있었던 미제스 세미나의 첫 번째 학기에 참가할 수 있는 특

---

61) Margit von Mises, 《미제스와 함께 한 세월들》 p.59.

권을 누렸던 필자에게 있어, 세미나에서의 경험은 매우 고무적이고 흥분되는 것이었다. 뉴욕 대학교의 학생은 아니었지만 몇 년 동안 정기적으로 세미나에 참석한 많은 학생이 있었고, 뉴욕 지역의 리버테리언들, 자유시장 학자들, 그리고 기업가들도 구성원 중 일부였다. 세미나에 대한 특별한 협약이 있었기 때문에, 대학은 미제스주의자들이 그의 수업을 청강하는 것을 허락하였다. 그러나 미제스가 비록 소수의 뛰어난 대학원 생들(특히 여전히 뉴욕 대학교에서 가르치고 있는 커즈너)의 박사학위를 지도했음에도, 대부분의 정규학생들은 수업의 참뜻을 이해하지 못하는 경영학과 학생들이었고, 그저 A학점을 쉽게 받고자 미제스의 수업에 참석했다.[62] 리버테리언과 새로 싹트는 오스트리언들의 전체 비율은 대략 1/3에서 1/2 정도로 추산된다.

미제스는 자신의 훌륭한 비엔나 사설세미나의 형세를 재현하기 위해 최선을 다했다. 예컨대 그는 오후 9시 30분에 공식 세션이 끝나고 나서도 격식없고 활발한 토론을 계속하기 위해 근처의 차일즈 레스토랑(Child's Restaurant)으로 자리를 옮겼다. 미제스는 심지어 우리 중에서 가장 멍청한 학생에게도 인내심 강하고 친절하게 대우했고, 우리에게 영감을 주기 위해 끊임없이 연구 프로젝트를 제시했으며, 항상 가장 수줍어하고 두려워하는 학생도 발언할 수 있도록 격려했다. 미제스는 특유의 빛나는

---

62) 유럽인 교수로서, 미제스는 미국의 성적 제도에 완전히 적응하지 못했다. 처음에 그는 모든 학생에게 A학점을 주었다. 그런데 그렇게 할 수 없다는 통보를 받고, 그는 학생들에게 ABC 순서로 A와 B를 번갈아 주었다. 그런데 그렇게도 할 수 없다는 말에, 그는 성적에 관계없이 리포트를 제출한 모든 학생에게는 A를 주고, 그렇지 않은 다른 모든 학생에게는 B를 주는 정책을 결정했다.

눈매로 우리에게 다음과 같은 확신을 주곤 했다: "말하는 것을 두려워 하지마세요. 기억하세요. 당신이 무슨 주제에 대해 무슨 말을 하고 또 그것이 얼마나 잘못되었든지 간에, 어떤 저명한 경제학자도 같은 실수를 범했습니다."

하지만 총명한 학생들에게는 이러한 세미나 경험이 매우 훌륭했을지 몰라도, 필자에게는 미제스가 이렇게 갑갑한 처지로 전락해야 했던 것이 너무 가슴이 아프다. 불쌍한 미제스, 그의 회계학과 그리고 금융학과 학생들 중에는 하이에크, 마흐루프, 혹은 슈츠같은 인재가 없었고, 차일즈 레스토랑은 비엔나 카페와는 너무 달랐다. 그러나, 어떤 우발적인 사건 하나가 나의 이러한 견해를 약간 바꾸게 만들었다. 언젠가, 미제스는 미국 경제학계에서 최고라고 평가되는 셋 중 하나인 컬럼비아 대학교 경제학과 대학원생들과 교수진들 앞에서 연설하도록 초대받았다. 그의 강연 이후 제기된 전형적인 질문의 내용은 대략 다음과 같았다: "미제스 교수님. 당신은 정부간섭 조치를 철회하는 것에 찬성한다고 말씀하셨는데요. 그러나 이러한 폐지 자체도 일종의 간섭 행위가 아닐까요?" 이 멍청한 질문에 미제스는 알아듣기 쉽고 명확한 대답을 내놓았다:"음, 만약 그러하다면, 학생은 마찬가지 방식으로 트럭에 받힌 사람을 치료하려고 그 사람 곁으로 달려간 의사가 그 사람에게 트럭과 같은 방식으로 '간섭'을 하고 있다고 말할 수 있겠군요." 그 후, 나는 미제스 교수에게 그런 경험이 좋았는지에 대해 물었다. "글쎄." 그가 대답했다. "나는 [그런 멍청한 질문까지는 하지 않는] 뉴욕 대학교의 내 학생들이 더 좋아." 이러한 일을 겪고 나서, 나는 뉴욕 대학교에서 미제스가 가르쳤던 것이, 어쩌면 미

제스에게도 진실로 가치 있을 수 있음을 깨달았다.[63]

1942년경, 미제스는 《경제학》이 독일어권에서는 금서가 되었고, 영어권에는 번역소개조차 되지 못했다는 슬픈 운명에 실망했지만 그에 굴하지 않고 영어판을 내는 작업을 시작했다. 새로운 책은 《경제학》을 그저 영어로 번역한 판이 아니었다. 개선판이며, 확장판이었다. 그래서 사실상 새로운 책이라고 할 만했다.[64] 그것은 미제스의 일생일대의 대작이었다. 그것은 미제스의 일생일대의 대작이었다. 데이비드슨의 보살핌과 보호 아래, 예일 대학교 출판부는 1949년에 《인간행동: 경제학 개론》이라는 이름으로 새 개론서를 출판했다.[65]

다행스럽게도 1949년 9월 14일에 있었던 《인간행동》의 발간과 동시에, 미제스 세미나가 시작되었다. 《인간행동》은 미제스의 가장 위대한 업적이고 인간의 마음이 만들어낸 금세기 가장 훌륭한 생산물이다. 그것은 미제스 자신이 발전시킨 인간행동학의 방법론에 기초하고, 인간이 존재

---

63) 1962년에 볼커 재단이 해체되었지만, 퍼티그는 다른 사업가 및 재단들과 컨소시엄을 이루어 미제스가 은퇴하는 1969년까지 세미나를 지속시켰다.

64) 나는 박학다식하고 창의적인 인간행동학자이자 미제스주의자인, 네바다 대학교 라스 베가스 캠퍼스 경제학과에서 나와 함께 재직하고 있는 독일계 미국인 동료 호페 교수에게서 그렇게 들었다.

65) 화폐경제학자, 경제사가, 미제스의 친구이자 체이스 은행의 전 경제분석가였던 앤더슨 박사가 《경제학》 영어판 출판의 중요성에 대한 특별히 가치있는 평가를 1945년 1월에 데이비드슨에게 보냈다:
    《경제학》은 경제원리 일반에 대한 미제스의 첫 저작입니다. 그것은 말하자면 화폐에 관한 그의 책, 그리고 사회주의에 관한 그의 책에서 논했던 주제들이 단지 곁가지들에 불과할 정도로 중심적인 몸체입니다. 그것은 사회주의와 화폐에 관한 그의 책들의 결론을 따름정리에 불과하게 만드는 근본적 이론입니다. (Margit von Mises, 《미제스와 함께 한 세월들》 p.103)

162
루트비히 폰 미제스

하며 자신이 가장 가치있게 여기는 목표들을 달성하기 위해 수단을 사용하여 세상 속에서 행동한다는 불가피하고 근본적인 공리에 근거하여 전체가 구성된 경제학이다. 미제스는 개인으로서의 인간의 행동이라는 원초적인 사실이 논리적으로 함축하는 올바른 경제학 이론의 완전한 신전을 구축해냈다. 그것은 대단한 성취였고, 작은 전문분야들끼리 서로 조화롭지 못하게 분열되어 충돌하고 있는 경제학이라는 학문에 탈출구를 제시했다. 《인간행동》은 타우시그와 페터가 제1차 세계대전 이전에 쓴 책 이래로 처음 발간된 경제학의 통합된 논저였다. 포괄적이고 통합적인 경제학 이론을 제공하는 것 말고도, 《인간행동》은 오스트리아학파의 모든 방법론적 적수에 맞서, 역사주의자들, 실증주의자들 그리고 수학적 경제학과 계량경제학의 실무에 골몰하는 신고전학파들에 맞서, 건전한 오스트리아학파 경제학을 방어해냈다. 그는 또한 사회주의 그리고 간섭주의 비판도 수준을 높였다.

덧붙여, 미제스는 그의 선행자들의 이론에 대해서 중요한 정정도 하였다. 그는 미국인 오스트리아학파 페터의 이자에 대한 순수한 시간 선호 이론을 경제학에 접목시켰고, 마침내 뵘바베르크가 이자에 대한 생산성 이론을 자신의 《자본과 이자》 1권에서 논파했음에도, 계속하여 그 잘못된 생산성 이론에서 헤어나오지 못했던 것을 바로잡았다.

미국 학계의 또 다른 오점은 필자가 미제스가 살아있는 오스트리아학파 중 최고의 챔피언이라는 사실은 제쳐두고라도 오스트리아학파가 존재한다는 것을 한번도 들어보지 못한 채, 컬럼비아 대학교에서 모든 박사학위 과정을 마쳤다는 것이다. 필자는 사회주의 계산논쟁에 대한 흔히 왜곡되어 있던 이야기 외에는 미제스의 이름을 거의 들어본 적이 없었기에, 그래서 1949년 봄에 미제스가 뉴욕 대학교에서 정기 세미나를 시작한다는 것을 알게 되었을 때 놀랐다. 그 당시에 필자는 또한 미제스가 그 해 가을에 그의 대작을 출판할 거라는 소식을 듣고 물었다. "그 책은 무엇에 대한 것인가요?" 내가 들은 대답은 다음과 같았다. "모든 것에 관한 책이지."

《인간행동》은 정말로 모든 것에 관한 것이었다. 그 책은 현대 경제학에 절여져 있는 우리같은 사람을 위한 계시였다. 《인간행동》은 필자가 경제학 이론에서 감지한 모든 문제와 비일관성을 해결해주었고, 완전히 새롭고, 훌륭하며, 정확한 경제학 방법론과 이론의 구조를 제공해주었다. 더 나아가, 《인간행동》은 열렬한 리버테리언들에게 타협할 수 없는 반간섭주의 정책을 제공해주었다. 그 당시부터 지금까지 모든 다른 자유시장 경제학자들이 "물론, 정부는 독점을 깨부숴야 한다" 혹은 "물론, 정부가 통화도 공급해야 하고 규제도 해야 한다"는 식으로 주장을 굽힌 것과 달리, 미제스는 그러지 않았다. 이론과 정치 등 모든 사안에 대하여, 미제스는 엄격함과 일관성의 정신 그 자체였다. 미제스는 결코 그의 원칙을 타협하지 않았고, 어떤 존경심이나 사회적 또는 정치적 호의를 바라며 무릎을 굽히지도 않았다. 학자로서, 경제학자로서, 그리고 한 인간으로서, 미제스는 우리 모두에게 기쁨이자 영감이었고, 모범이었다.

《인간행동》의 출판은 그 당시에도 그랬지만 지금도 매우 놀랄만한 현상을 보이고 있다. 오늘날까지 이 책은 출판사의 베스트셀러로 남아있기 때문에, 출판사는 그것을 하드커버가 아닌 보급용 소프트커버로 제본하는 것을 거부한다. 이는 《인간행동》이 매우 거대하고 지적으로 어려운 작품임을 고려한다면 놀랄만한 것이다. 놀랍게도, 이 책은 번갈아가며 '이달의 책'으로 선정되었고, 스페인어, 프랑스어, 이탈리아어, 중국어, 일본어로 번역되었다.[66] 따라서, 《인간행동》을 통해서, 미제스는 오스트리아학파와 반간섭주의 운동을 전국적으로 또 국제적인 수준으로 조직할 수 있었다.

놀랍게도, 《인간행동》에 의해 만들어진 미제스주의 운동은 계층적으로 매우 다양했다. 이 운동은 학자, 학생, 사업가, 공무원, 언론인, 그리고 주부까지 포함한다. 미제스 자신도 항상 사업가들과 일반 대중에게까지 뻗어나가는 것을 매우 중요하게 여겼다. 한때, [선 오일 컴패니의 대표이자 자선사업가인] 퓨에게 자금을 지원 받아 미제스를 대표로 하여 '미국 경제학 학교'(American School of Economics)라는 이름의 대학원을 설립하려는 계획이 있었다. 우리 젊은 미제스주의 학자 중 일부가 이사회에 지명될 예정이었다. 미제스는 유럽에서 흔히 그러하듯이, 학교의 교수진들이 일반 대중에게 주기적으로 강의를 해야 하고, 이를 통해 건전한 경제학 교육이 전문 학자만의 것이 되어선 안 된다고 강조했다. 불행하게도, 이 학교 계획은 결국 무산되었다.

예일 대학교 출판부는 미제스의 책의 질 뿐만 아니라 그 인기에 너무나 감명받아서 다음 10년간에도 그의 연구를 출판하는 주체로서 기여하였다. 출판사는 1951년에 《사회주의》의 새로운 확장판을 출판하였고, 비슷하게 《화폐와 신용의 이론》도 확장판을 1953년에 출판하였다. 대단한

---

66) 따라서 《인간행동》은 하버드 대학교의 갤브레이스(John Kenneth Galbraith)가 도대체 어떻게 예일대 출판부가 이 책을 출판할 만용을 부렸는가 하는 질책하는 내용의 뉴욕의 《선데이타임즈》(Sunday Times)에 기고한 악평도 극복할 수 있었다.

것은, 미제스가 《인간행동》 출판 이후 월계관에 안주하지 않았다는 점이다. [그 직후인 1951년에 쓰인] 그의 에세이 「이윤과 손실」(Profit and Loss)은 기업가의 기능, 시장의 이윤-손실체제의 기능에 대해서 여태까지 쓰인 것 중 아마도 최고의 논의일 것이다.[67] 1957년, 출판부는 미제스의 마지막 대작인 심오한 《과학이론과 역사학》을 출판하였다. 이 철학적 대작은 인간행동학, 즉 경제학과 인간의 역사 사이의 진정한 관계를 설명하고, 마르크스주의, 역사주의 그리고 여러 형태의 자연과학주의에 대한 비판도 하였다. 《과학이론과 역사학》이 미제스가 《인간행동》 다음으로 좋아하는 책이었던 것은 충분히 이해할 만하다.[68] 그러나 데이비드슨이 1959년 보수주의 계간지 《현대》(Modern Age)의 창간 편집자로 떠난 뒤에는, 예일 대학교 출판부는 미제스 저작에 더 이상 우호적인 홈그라운드 노릇을 하지 않았다.[69] 볼커 재단은 마지막으로 존속했던 1962년까지 출

---

67) 「이윤과 손실」은 1951년 9월 프랑스 보발롱에서 열린 몽펠르랭 협회 회합 발표문으로 쓰인 것이다. 그 논문은 같은 해 리버테리언 출판사(Libertarian Press)가 소책자로 출판했고, 지금은 미제스의 논문들을 모아놓은 다음 책의 한 장으로 편성되어 읽어볼 수 있다. Mises, 《자유를 위한 계획이란 없다》(Planning for Freedom, 4th ed., South Holland, Ill.: Libertarian Press, 1980), pp.108-150
    [역주: 2019년에 출판된 한국어 번역본에서는 pp.111-146에 해당한다.]

68) Margit von Mises, 《미제스와 함께 한 세월들》 p.106. 불행히개도, 《과학이론과 역사학》은 1974년 이후 오스트리아 학파가 다시 부활할 때도 아쉽게도 무시당했다. Mises, 《과학이론과 역사학》에 수록된 Murray N. Rothbard, "서문"을 보라.

69) (겉보기에도 고의적으로 보이는) 1963년에 나온 망가진 《인간행동》 제 2판에 대한 소름끼치는 이야기는 Margit von Mises, 《미제스와 함께 한 세월들》 pp.106-111 에서 볼 수 있다. 예일 대학교 출판부는 이 끔찍한 인쇄사고에 대한 미제스의 소송을, 사실상 그의 모든 요구를 받아들이는 조건으로, 법정 바깥에서 해결하였다. 출판권은 헨리 렉네리 주식회사(Henry Regnery and Co.)로 이전되었고, 여기서 1966년에 《인간행동》 제3판을 출판하였다. 그러나 예일 대학교 출판부는 오늘날까지도 자신의 지분을 챙겨가고 있다. 이 사건에서 가장 나빴던 측면은 그의 필생의 걸작이 훼손되는 것에 고통스러워했던 82세의 지적 거장에게 그것은 고문이 가해진 것과 같았다는 점이다.

판사업을 유지했고, 그 해에 《자유주의》와 《경제학의 인식론적 문제들》의 영어판을 세상에 내놓았다. 또한 같은 해에 경제학에서의 논리실증주의 비판인 미제스의 마지막 책 《경제과학의 궁극적 기초》를 출판하기도 했다.[70]

　　제2차 세계대전 후 미국에서 있는 동안, 미제스는 그의 옛 제자들, 친구들, 그리고 추종자들의 행동과 영향력을 관찰하면서 마음의 부침을 겪었다. 한편으로 그는 1947년에 자유시장 경제학자들과 학자들의 국제적 모임인 몽펠르랭 협회(Mont Pelerin Society)의 창립 회원 중 하나가 됨으로써 행복을 느꼈다. 그는 이탈리아의 대통령 에이나우디, 드골 장군의 화폐금융 고문 뤼프, 그리고 독일의 경제책임자 에르하르트(Ludwig Erhard)의 영향력있는 고문 뢰프케와 뮐러-아르마크와 같은 친구들이 1950년대에 각각의 자기 민족을 자유시장경제와 태환화폐의 방향으로 나아가게 하는 데 주요 역할을 하는 것을 보고 역시 기뻐했다. 미제스는 몽펠르랭 협회에서 초기에 주도적 역할을 하였다. 그러나 얼마 지나지 않아 경제정책에 대한 몽펠르랭 협회가 국가주의를 가속화하고, 경제정책에 대해 애매모호한 견해를 가지고 있는 데에 대해 환멸을 느끼게 되었다. 심지어 미제스와 하이에크가 마지막까지 화기애애한 관계들을 지속했음에도 불구하고, 또 미제스가 오랫동안의 친구이자 후배인 하이에크에게

---

70)　이 세 권의 책 모두 반 노스트랜드(D. Van Nostrand)가 출판했는데, 그 사장은 미제스에 공감하는 사람이었고, 볼커 재단과 출판 교섭을 했던 사람이다. 《경제학의 인식론적 문제들》은 라이스만이 번역했고, 《자유주의》는 라이코가 번역했다. 양자 모두 고등학생 때인 1953년부터 미제스 세미나에 참석하기 시작했었다. 라이코와 라이스만에 대해서는 Margit von Mises, 《미제스와 함께 한 세월들》 pp.136-137을 보라.

나쁜 말을 전혀 하지 않았음에도 불구하고, 하이에크가 제2차 세계대전 이후 미제스의 인간행동학 그리고 방법론적 개인주의로부터 벗어나 논리실증주의와, 하이에크의 오랜 비엔나 친구인 포퍼의 신실증주의(neo-positivism)로 경도되어가는 것을 보고는 미제스는 분명하게 언짢아했다. 미제스는 하이에크가 뉴욕에서 한 '자생적 질서와 인위적 질서'(Nomos and Taxis)에 관한 강의에서, 하이에크 자신이 《과학의 반혁명》(Counter-Revolution of Science)에서 표방한 인간행동학과 방법론적 이원주의를 암묵적이지만 명백하게 거부했을 때, '소스라치게 놀랐다'고 이야기했다. 그리고 미제스가 일반적으로 하이에크의 정치철학과 정치경제학에 관한 1960년대 연구인 《자유헌정론》(The Constitution of Liberty)에 경탄하였지만, 그는 하이에크가 복지국가를 '자유와 양립가능하다'고 주장했다며 점잖지만 확고하게 비판했다.[71]

마지막 두 해 동안 시름시름 앓고 고생한 후, 우리 시대의 거장들 중 하나인 위대하고 고귀한 미제스는 1973년 10월 10일 향년 92세의 나이로 영면했다. 그 다음해, 하이에크가 그 자신의 해괴한 철학적 노작 덕분이 아니라, 1920년대와 1930년대에 열정적인 미제스주의자로서 미제스의 경기변동이론을 정교하게 기술한 공로를 인정받아 노벨경제학상을 받았다는 것은 매우 아이러니하다. 그게 기묘했던 이유는, 하이에크보다 노벨상을 받을 자격이 더 있는 사람이 있다면, 분명히 그 사람은 하이에크의 멘토인 미제스였기 때문이다. 우리 중 일부는 스웨덴의 노벨상위원회가 미제스가 죽을 때까지 미제스에 대한 수상을 고의적으로 연기했다는

---

71) Mises, 《자유를 위한 계획이란 없다》 p.219.

냉소적인 추측을 내놓았다. 만약 미제스가 살아있을 때 주었더라면, 노벨상위원회는 그들이 생각하기에 독단적이며 반동적이라는 점에서 쌍벽을 찾을 수 없는 사람인 미제스에게 상을 주어야 했을 것이기 때문이다.

하이에크의 노벨경제학상 수상은, 지난 15년간 점증하는 미제스주의 운동과 결합하여 오스트리아학파 경제학의 부흥을 위한 도약을 실제로 촉발시켰다. 무엇보다도, 사실상 노벨상의 포로가 되어있지만 하이에크에 대해 전혀 들어본 적이 없는 일반 경제학자들은 이 사람이 무슨 일을 했는지 조사할 의무가 있다고 느꼈다. 하이에크는 또한 수학자와 케인스주의자들에게만 수여되던 노벨경제학상의 기록을 깬 최초의 수상자였다. 그 이후로, 많은 자유시장 경제학자가 이 상을 받았다.

1974년 이래 오스트리아학파 경제학의 부활, 그리고 미제스와 그의 사상에 대한 관심의 부활은 매우 가속화되었다. 미제스의 생애 마지막 40년 동안 경멸 받아온 오스트리아학파 경제학은, 그리고 특히 미제스는, 지금도 경제적 사고와 여론이 잡탕처럼 섞여있거나 혼동되는 마당이긴 하지만 최소한 이제는 가치 있는 요소로 여겨지고 있다. 학계의 분위기는 확실히 현재는 매우 다르다. 미제스가 적합한 학계의 직책을 찾을 수 없었던 암울한 시절의 분위기에 비해서는 엄청나게 나아졌다.

1974년 이후 몇 년 동안, 오스트리아학파 경제학의 부흥이 왕성했고, 매년 주목할 만한 학회들이 열렸고 여러권의 출판이 이루어졌다. 그러나 그 후 흐름이 바뀌는 것처럼 보였고, 1970년대 후반에 들어서는 미제스주의 경제학의 부활을 위해 헌신했던 센터들과 연구소들이 흥미를 잃기 시작했다. 학회들 및 출판은 양적으로나 질적으로나 이전보다 감소했고,

우리는 다시 한 번 오랜 헛소리를 듣기 시작했다: 미제스가 너무 '극단적'이고, 너무 '교조적'이고, 미제스주의자를 계속하는 것 그리고 세상에서 "존경심"을 얻는 것, 정치적 영향력을 발휘하는 것, 혹은 젊은 학자들의 경우 종신 교수직을 획득하는 것은 불가능하다는 이야기였다. 미제스주의자로 출발했으나 미제스주의를 이탈한 젊은 학자들은, 이상한 신을 쫓아다니기 시작했고, 미제스가 혐오했던 신조들, 예컨대 독일 역사학파, 제도주의, 허무주의에서 장점을 찾으면서 심지어는 마르크스주의와의 '종합'도 떠들어댈 정도였다. 더 나쁜 것은, 이 젊은 오스트리아학파 중 일부는, 평생을 바쳐 진리를 위해 헌신해온 미제스 본인이, 그런 역겨운 책략들을 실제로는 아마 축복했을 것이라 주장하며, 이를 암시하려고 안달했다.[72]

　다행인 것은, 미제스의 길이 다시 한번 사라질 것처럼 보였던 그 때, 루트비히 폰 미제스 연구소가 1982년에 설립되었다는 점이다. 그 이후로 미제스 연구소는 활기차게 발전하며 사실상 홀로 미제스주의 경제학을 부활시켰고, 성장하는 오스트리아학파 운동에서 미제스를 지배적인 위치로 둘 수 있었다. 연례학술지 《오스트리아학파 경제학 리뷰》(The Review of Austrian Economics), 계간지 《오스트리아학파 경제학 소식지》(Austrian Economics Newsletter), 월간 간행물 《자유시장》(The Free Market), 성장하는 출판 계획들, 비정기적으로 발표되는 여러 논문들, 연간 교육 세

---

72)　역주: 이 문단은 오스트리아학파 내부에서 해석학(hermeneutics)을 받아들이는 일부 학자들에 대한 라스바드의 비판이다. 그의 에세이 "해석학의 침공"(The Hermeneutical Invasion)을 참고하라.

미나, 정책 컨퍼런스, 수 많은 비상주 대학원 연구직(fellowship), 오번 대학교 그리고 전국 여러 대학교에서의 상주 연구직 등을 통하여, 미제스 연구소는 마침내 오스트리아학파주의를 경제학의 생명력 있는 새로운 패러다임으로서 확립했을 뿐만 아니라, 진짜 오스트리아 학파적인 것으로 만들었다. 우리가 위대한 미제스로부터 물려받은 놀라운 사상체계의 정신과 내용으로, 그리고 또한 미제스의 정신으로, 미제스 연구소는 우리 시대의 중요한 구체적인 정책적 문제에 대해 과감하게 발언하는 것까지 다양한 수준의 프로그램을 만들었다. 그리하여, 몇 번 반짝하기도 하고 시작도 있었기에, 그리고 미제스 연구소가 있었던 덕분에, 우리는 마침내 미제스가 진정으로 자랑스러워할 수 있는 오스트리아학파의 부흥을 만들어냈다. 우리로서는 미제스가 살아서 이 광경을 보지 못한 것이 안타까울 뿐이다.

맺음말:
인간 미제스

사랑하던 몇몇 학생들이, 특히 하이에크가 미제스에 대해 학생들과 결코 개인적으로 가깝게 지내려 하지 않으며, '어렵기만 하고', '엄격하고', '가혹한' 사람이며 심지어는 "인간적으로 비위가 상하는" 사람이라는 관점을 퍼뜨렸다. 이런 혹평들은 인터뷰를 하면서 전해지거나 미제스에 대한 칭찬을 하는 와중에 생선 가시처럼 끼워넣었다.[73] 그러나 평생 열성적인 숭배자들과 추종자들을 주위에 모았던 그런 종류의 선생이 과연 이랬을까? 확실히 말하건대, 필자는 미제스의 모든 미국인 추종자가 그의 지성과 창조력의 위대함과 엄밀함, 그리고 불굴의 용기에 대한 찬사를 보냈을 뿐만 아니라, 그의 영혼이 가진 달콤함에도 사랑에 빠져있었다는 것을 증명할 수 있다. 그리고, 1920년대의 그의 성격이 다소 가혹했다면,

---

73) 예컨대, Craver, "오스트리아학파 경제학자들의 이민" p.5; 그리고 Margit von Mises,《미제스와 함께 한 세월들》 p.222 를 보라.

카우프만같은 사람은 왜 그렇게 냉정하고 비인격적인 멘토의 세미나를 기념하기 위한 작곡을 했을까?[74]

우리 미국인 학생들은 미제스라는 사람에 대하여 깊이 감동했을 뿐만 아니라, 미제스에게서 우리가 다시 알게 될 것보다 훨씬 더 훌륭한 문명인 제1차 세계대전 이전 비엔나의 문화의 전성기의 마지막 흔적을 보고 있었음을 깨달았다. 미제스와 나이가 거의 비슷한 래퍼드는 1956년에 준비된 미제스 기념논문집에 수록된 자신의 글에서 이 분위기를 아주 잘 짚어냈다. 래퍼드가 미제스에 대해 쓰기를, 그의 제네바 시절에:

> 나는 아주 자주, 그리고 매우 경솔하게도 그것을 염려한 적도 있긴 했지만, 그와 한 식구였던 것을 즐겼다. 그러한 특권 비슷한 것을 누려본 사람이라면 모두가 알게 되겠지만, 그가 현대 경제학자들 사이에서 가장 날카로운 분석가적인 마음을 가진 한 사람일 뿐만 아니라 역사적인 문화의 보고를 담고 있고, 그 보고를 자유자재로 다룰 수 있는 사람이란 것이다. 그 보고 안에 있는 보물들은 오늘날 이 지구상에서 거의 찾아볼 수 없는 인간애 및 오스트리아적 해학의 형태로 살아있으며 빛나고 있다. 사실, 나는 종종 우리 세대만 전쟁 전 비엔나의 독점물로 보이는 것으로부터 축복받을 수 있는 최후의 세대가 아닌지 두려워하며 궁금해하곤 한다.[75]

---

74) Margit von Mises, 《미제스와 함께 한 세월들》 p.211.

75) William E. Rappard, "미제스의 글을 읽을 때"(On Reading von Mises) in M. Sennholz, ed., 《자유와 자유기업》 p.17.

그러나 인간 미제스에 대한 가장 훌륭한 평가 그의 오랜 숭배자였던 라이코 교수가 미제스의 사상에 대한 통찰력있고 고상한 찬사를 보내는 글에 있다:

> 60년 이상 동안, 미제스는 시대정신에 맞서, 그리고 각광받고, 승리했으며, 혹은 그저 유행을 따를 뿐인 좌파와 우파의 정치학파들에 맞서 전쟁을 하였다.
>
> 수십 년 동안, 그는 군국주의, 보호무역주의, 인플레이션주의, 모든 유형의 사회주의, 그리고 간섭주의 국가가 하는 모든 정책에 맞서 싸웠고, 그 기간 내내 혼자였거나 혼자에 가까웠다. 미제스가 행한 전투의 전부 및 그 강도의 지속성은 그가 (수호를 위해 싸워왔던) 사상들이 진리이며 최고의 가치를 가지고 있다는 깊은 내면의식이 있었기에 원동력을 얻을 수 있었다. 그의 기질뿐만 아니라 이러한 원인이 그의 어조에서 분명한 '불손함'(혹은, 미제스 세미나의 우리 중 일부가 애정을 가지고 표현했듯이, 미제스 본인이 가장 좋아하던 단어 중 하나를 따서 말하자면 '의문을 용납하지 않을 것 같은'(apodictic) 성질의 어조)을 만들어냈다고 추측할 수 있다. 그의 그런 불손한 어조는 학계의 자유주의 좌파들과 사회민주주의자들이 맨 먼저 자신들이 최소한 관용 받을만한 가치가 있다고 생각하는 견해를 옹호할 때, 그때만 받을 수 있는 최후의 조치였다. …
>
> 그러나 학계에서 인정을 해주지 않았다 해도 그것은 미제스에게는 거의 영향을 주지 못하거나 미제스를 굽히게 하지 못한 것 같다.[76]

---

76) Ralph Raico, "미제스의 유산"(The Legacy of Ludwig von Mises), 《리버테리언 리뷰》(*The Libertarian Review*), (1981년 9월호), p.19. 기사는 그 잡지의 미제스 100주년 기념호에 실렸다. 이전 판은 The Alternative, February 1975에서 발표되었다. [역주: https://mises.org/library/mises-revolutionary에서 이 글을 찾아 읽어볼 수 있다.]

라이코 교수는 다음과 같은 놀랍고 통찰력 있는 문구로 끝맺음을 한다:

인간으로서 또 개인으로서 미제스에 대해 이야기하지 않고서는 미제스에 대한 평가가 그것이 아무리 부적절하더라도, 완벽할 수는 없다. 베버나 슘페터(Joseph Schumpeter)같은 다른 독일인 학자들을 떠올리게 하는 미제스의 엄청난 학식은, 마치 언젠가 모든 백과사전이 서가에서 싹 사라질지도 모른다는 원칙 하에서 습득된 것 같았다. 수업에서의 발표에서 보여진 그의 데카르트적 명확성 (이는 미제스를 복잡한 주제를 단순하게 제시하는 것의 달인으로 만들었다), 이성적 삶에 대한 그의 존경, 그것을 그의 모든 제스처와 눈길에서 확인할 수 있다. 그의 점잖음, 친절함 그리고 이해심(이것은 초보자에게까지도 그러했다.) 그리고 베를린, 파리, 뉴욕사람들의 해학과 유사한 대도시에서 농짓거리를 나누며 성장한 경우에만 얻을 수 있는 오직 비엔나 사람만이 가지고 있는 그의 진정한 해학, 내가 결국 말하고 싶은 것은, 위대한 미제스를 일찍 알게 되는 것은 우리 마음속에 이상적인 지식인이 어때야 하는가에 대한 평생의 기준을 만드는 경향이 있다는 것이다. 이것은 우리가 마주하는 다른 학자들은 결코 필적할 수 없는 기준이고, 그 기준으로 판단컨대, 시카고, 프린스턴, 혹은 하버드 같은 대학교의 보통 교수들은 우스개일 뿐이다. (하지만 그러한 척도로 그들을 판단하는 것은 공정하지 않을 것이다. 지금 우리는 차원이 다른 두 종류의 인간존재에 대해 이야기하고 있기 때문이다.)

미제스가 서거하고 필자가 부고를 준비할 때, 라이코 교수는 필자에게 셸리(Percy Bysshe Shelley)가 쓴 키츠(John Keats) 추도사인 아도니스(Adonais)에 수록된 아주 감동적인 구절 하나를 편지로 보내주었다. 라이코가 늘 그러했듯이, 이 구절은 미제스에 대한 최종 평가에 매우 적절한 내용을 담고 있었다:

Adonais, XLVIII

그가 내어줄 수 있지만 그들은 받지 않네.

영광은 세상을 정복한 이들이 차지하네.

그렇기에 그는 사상의 왕들에게로 떠나가 버렸네.

누가 그 시대의 부패와 맞서 싸웠을까.

과거의 것이라 할지라도 모든 것이 다 사라질 수는 없다네.[77] [78]

Percy Bysshe Shelley (1792–1822)

---

77) Raico, "Legacy," p.22.

78) 역자 해설: 셸리는 독자들에게 영국의 위대한 시인 키츠가 폐병 요양차 살았고 또 26세의 젊은 나이에 숨져서 묻힌 로마에 가보라고 한다. 로마에는 많은 역사 유적이 있는데, 그것들이 키츠에게 전쟁, 제국, 종교를 생각하게 했고, 인류가 저질렀던 파괴를 생각나게 만들었기 때문이다. 셸리가 보기에 제국이 세상을 단지 먹잇감으로 보는 데는 '영광'이라고 할만한 것이 없다. 오히려 진정한 영광은 키츠 같은 사람들에게 있다. 키츠는 마음을 무기로 시대의 부패와 맞서 싸운 "사상의 왕"중 하나였기 때문이다. 이러한 "왕"이 있기 때문에 인간들의 전쟁과 같은 잔혹한 파괴행위가 있어도 그것을 넘어 무언가가 더 오래 살아남는 것이다. 셸리의 결론은 키츠의 죽음으로 모든 것이 끝나지는 않았다는 것이다. 왜냐하면 키츠의 위대한 사상은 영원히 살아남기 때문이다. 라이코 교수는 키츠에게 바친 셸리의 이 헌시(獻詩)에서 미제스가 여러 사상전에서 시대와 맞서 싸웠던 모습을 떠올렸고, 미제스의 업적이 영원히 살아남을 것이라는 생각으로, 이 시를 옮겨 실음으로써 미제스의 삶을 압축적으로 표현하고자 한 것으로 보인다.